EDITORIAL
UNIVERSIDAD DE SEVILLA

INSTITUTO UNIVERSITARIO
ARQUITECTURA Y CIENCIAS DE LA CONSTRUCCIÓN

Editorial   UNIVERSIDAD DE SEVILLA

Sevilla, 2025

Instituto Universitario
de Arquitectura y
Ciencias de la Construcción

ARQUITECTURA

**NATURALEZAS CONSTRUIDAS
EN LA ARQUITECTURA
JAPONESA CONTEMPORÁNEA**

Alberto López del Río

COLECCIÓN ARQUITECTURA
TEXTOS DE DOCTORADO DEL IUACC
Número: 62

Colección dirigida por
Antonio Tejedor Cabrera y
Marta Molina Huelva

© Editorial Universidad de Sevilla 2025
C/ Porvenir, 27
Tel. (+34) 95 448 74 47 y (+34) 95 448 74 44
Correo electrónico: info-eus@us.es
Web: https://editorial.us.es

© Instituto Universitario de Arquitectura y Ciencias de la Construcción (IUACC) 2025
Avda. Reina Mercedes, 2
Tel. (+34) 95 455 16 30
Fax (+34) 95 455 70 24
Correo electrónico: iuacc@us.es
Web: http://www.iucc.us.es

IUACC
Director: Antonio Tejedor Cabrera
Secretario: Antonio García Martínez

© Alberto López del Río 2025
alberto.lopez.rio@uva.es

Diseño: Restituto Bravo-Remis y Gestion de Diseño, S.L
Maquetación: Jorge García Vila y Juan Miguel Carabel Lema
Impresión: Masquelibros
Impreso en papel ecológico

ISBN: 978-84-472-2784-6
Depósito Legal: SE 64-2025

A mis padres

Nota aclaratoria

Al tratar un tema enmarcado en el ámbito de la cultura japonesa, se hace necesario aclarar el tratamiento de las palabras procedentes del japonés que se han empleado en el texto. En general, al ser un trabajo escrito en castellano y, por tanto, enfocado principalmente para un lector hispanohablante, se ha optado por emplear en la medida de lo posible la transcripción oficial de los términos al alfabeto latino, según el sistema de romanización Hepburn.

En cuanto a los nombres de los autores japoneses, para aquellos cuyo periodo de actividad es anterior al comienzo de la era Meiji, año 1868, se ha optado por recogerlos al modo tradicional japonés, con el apellido o nombre familiar seguido del nombre. Para los autores cuyo periodo de actividad principal es posterior a la citada fecha, se ha seguido el modelo occidental de notación, con el nombre seguido del apellido.

Índice

Prólogo

Darío Álvarez Álvarez

Fuzeï en la arquitectura japonesa contemporánea

En la segunda mitad del siglo XI, un noble y poeta japonés llamado Tachibana no Toshitsuna[1] 橘俊綱 (1028-1094) escribió el *Sakuteiki* 作庭記, que pasa por ser el texto más antiguo y célebre sobre el jardín japonés y uno de los más importantes de la Historia del Jardín. El *Sakuteiki* es un manual que explica la forma de crear jardines en el período Heian, aunque sus indicaciones no son demasiado evidentes, por lo que más bien parece haber sido escrito para iniciados en la materia. El diseño del jardín se basa en la ordenación de las piedras para construir el paisaje, *sansui* 山水, en torno al estanque como elemento central de toda composición. En uno de los primeros párrafos se dice: "En cuanto a la forma del terreno, las piedras se deben erigir sometiéndose a la figura del estanque, envolviendo con el *fuzeï* los lugares escogidos, considerando los paisajes naturales, pensando sólo cómo están las piedras en esos lugares". Se menciona por primera vez el *fuzeï*, uno de los conceptos más fascinantes, desde mi punto de vista, de la tradición japonesa aplicados a la creación de paisajes arquitectónicos.

El término *fuzeï* 風情 se suele traducir como emoción o soplo de la emoción, pero la traducción literal sería "viento de la emoción"[2] que ofrece un sentido más físico y a la vez más literario. Según el *Sakuteiki*, todo debe estar envuelto por el *fuzeï*, el jardín, los elementos y escenas que lo componen y hasta el propio diseñador. Se trata de un viento que proviene de la propia naturaleza[3], especialmente de los paisajes célebres del propio Japón que el diseñador debe tener en la mente a la hora de diseñar el jardín, como dice al autor. El *fuzeï* sintetiza todo aquello que no puede ser descrito con palabras pero que tiene como punto de partida la naturaleza, con la que la cultura japonesa se identifica y traslada a todos los ámbitos de la vida cotidiana, especialmente al arte, sea poesía, pintura, arquitectura o diseño de jardines, en un nivel de intensidad nunca igualado por la cultura occidental.

El *fuzeï* es una de las claves para entender el espíritu de la arquitectura japonesa, el mismo que envuelve este libro de Alberto López del Río que parte de una visión de la cultura tradicional para llegar a la plena modernidad, que ha entusiasmado a Occidente en las últimas décadas, en esa capacidad continua de reinventarse que tienen la cultura japonesa y que no deja de sorprendernos, como ya lo hiciera en el pasado. El libro tiene su origen en una excelente tesis doctoral, que tuve el placer de dirigir, titulada *Naturaleza interior. El árbol y el bosque en la arquitectura japonesa contemporánea*, leída en 2022 en el Programa de Doctorado en Arquitectura de la Escuela Técnica Superior de Arquitectura de Valladolid, una más de la larga lista de investigaciones doctorales realizadas en dicha Escuela vinculadas al paisaje como materia de proyecto arquitectónico. Tanto la tesis como el libro enlazan con el interés que hemos desarrollado varios profesores, incluyendo al mismo autor, del Departamento de Teoría de la Arquitectura y Proyectos Arquitectónicos por la cultura japonesa y su relación con la arquitectura, el jardín y el paisaje, que se sintetizó en un curso realizado en 2011 con el título "Visiones de la Arquitectura Japonesa. Del exotismo a la singularidad contemporánea", que yo dirigí junto a Ramón R. Llera, en el que participaron, entre otros, Simón Marchán Fiz y Juan Navarro Baldeweg. Como resultado de ese curso y de numerosos viajes al país, Ramón R. Llera, a su vez, publicó en 2012 *Japón en Occidente. Arquitectura y paisajes del imaginario japonés del exotismo a la modernidad*, editado por la Universidad de Valladolid, un texto seminal para entender en profundidad la influencia de Japón en el mundo occidental.

La cultura japonesa siempre ha conjugado la naturaleza con la arquitectura, de hecho, podríamos afirmar que la naturaleza es una fuente de inspiración constante para la arquitectura en todas sus manifestaciones, añadiendo el sentido humano al orden natural, lo que lleva a un sentido de la naturalidad que no está reñido, en modo alguno, con el rito. Kakuzo Okakura, en *El libro del Té. La ceremonia del Té japonesa* (1906), relata una anécdota reveladora de Sen no Rikyū (1522-1591), uno de los grandes maestros de dicha ceremonia y del diseño del jardín. Rikyū estaba preparando la ceremonia y encargó a su hijo Shoan la limpieza el jardín mientras él descansaba. Este se aplicó a barrer todas las hojas caídas sobre el camino del jardín, hasta que quedó impoluto. Al verlo Rikyū se lamentó increpándole: "así no se limpia el sendero", le dijo, y acercándose a un árbol lo sacudió y dejó caer unas pocas hojas sobre el camino del jardín. En palabras de Okakura, lo que buscaba Rikyū "era algo más que limpieza, exigía también gusto y naturalidad". El gran dilema es saber cuántas hojas están bien, probablemente nunca podremos conocer ese número porque la respuesta está en el interior de cada uno, unas pocas hojas no es algo cuantificable, pero es el límite de la naturalidad y lo que otorga una rara elegancia a la cultura japonesa tradicional.

La misma que sedujo a muchos arquitectos occidentales, comenzando por Bruno Taut, que, tras varios años de estancia en Japón, publicó *La casa y la vida japonesas* en 1937. En 1954 Walter Gropius, uno de los verdaderos arquitectos modernos, fundador y director de la Bauhaus, visitó Japón y se quedó sorprendido con lo que descubrió allí. Es conocida la postal del Ryōan-ji 龍安寺, uno de los más célebres jardines secos, *karesansui* 枯山水, del periodo Muromachi, que le envió a Le Corbusier en la que le describía la arquitectura japonesa tradicional como la más moderna. Y era del todo cierto, muchas de las cuestiones que habían preocupado a los arquitectos modernos ya habían sido desarrolladas, de una o de otra manera, en la arquitectura japonesa, tanto en aspectos espaciales como constructivos o simbólicos, especialmente en la búsqueda de la esencialización de las formas y de la sinceridad estructural.

Alberto López del Río nos propone en su libro un viaje fascinante desde el pensamiento tradicional hasta la arquitectura más actual, buscando en ella la presencia de los valores del paisaje a través del árbol como patrón y argumento. De este modo, pasado y presente se unen en un elaborado discurso de un arquitecto que conoce bien la cultura japonesa y que la ama en todas sus manifestaciones, incluida la pintura y la poesía, en la que también ha hecho incursiones.

En el capítulo que abre el libro, "El árbol y el bosque en la cultura japonesa", el autor nos adentra en la rica y compleja relación de esos dos elementos en toda la tradición japonesa. El árbol representa lo sagrado, pero también lo real, símbolo y materia, concepto y elemento, todo ello está presente en la cultura japonesa, en la mística, en la poesía, especialmente en la de Matsuo Bashō, en los momentos en los que el poeta congela el tiempo, mientras cae una hoja o canta el cuco, en un intenso y emocionante *fuzeï* que envuelve con su hálito poético el momento más casual. El árbol aparece presentado en pinturas, en las escenas de paisaje de los biombos y de los *shōji*, los paneles correderos de las casas y de los templos. El pino aparece como emblema de los árboles, representado tanto en pintura como en la realidad de los jardines, para crear obras de arte mediante la cuidada manipulación de su crecimiento que pretende reproducir patrones naturales, como la inclinación por el viento, en un juego inteligente entre naturaleza y aparente naturalidad. El árbol, en solitario o formando el bosque, representa también el paso del tiempo, tan importante en el pensamiento japonés, a través de las estaciones que van marcando un ritmo y una secuencia que se repite año tras año, algo que se recoge en los poemarios japoneses.

En "La torre árbol. La ciudad como nueva naturaleza" el autor nos propone analogías muy hermosas y sugerentes entre la forma arbórea de las pagodas y las construcciones en altura de la arquitectura metabolista, yendo más allá de lo puramente formal y buscando unas relaciones más intrínsecas que nos hacen pensar en un organicismo estructural. El mismo que deriva en ingeniosas, cuando no atrevidas, experimentaciones en la arquitectura japonesa de las últimas décadas, con propuestas sorprendentes como el rascacielos árbol de Sou Fujimoto, que sigue envuelto por ese *fuzeï* que nos devuelve a la tradición más conspicua desde la más extrema modernidad, una de las características comunes en todos los arquitectos japoneses contemporáneos.

Esta analogía se deriva hacia el espacio doméstico en "El árbol en la casa. Lo simbólico en el espacio doméstico", que primero viaja hacia la estructura arbórea como sistema base de la construcción de la casa, como sucede en la obra temprana de Shinohara, dotada de un sentido estructuralista de gran rigor, mientras que avanza hacia ideas más poéticas en la de Sasaki o el propio Fujimoto, por el que el autor del libro demuestra una especial debilidad.

La obra de Toyo Ito se apropia por completo de "El bosque como investigación estructural". Sus edificios son complejas reflexiones que van de lo estructural a lo metafórico, como dice el autor, siempre desde un conocimiento detallado y desde la elaboración de unos patrones formales y constructivos muy consecuentes, que se desarrollan a veces en la imagen exterior, como en el edificio Tod's de Tokio y a veces en la organización del espacio interior, como en la mediateca de Sendai, pero siempre envuelto por ese *fuzeï* que parece presente en toda su obra.

El capítulo final del libro, "El edificio bosque", está dedicado a la experimentación de SANAA en la relación entre entramado estructural y espacial y cubierta del edificio, llevando al límite la analogía del bosque compuesto por numerosos árboles. En los proyectos de Sejima y Nishizawa late siempre un juego muy certero entre lo regular y lo irregular de los sistemas estructurales que crean una sensación muy evidente en su relación natural o en su visión de algunos temas ya elaborados en la arquitectura japonesas antigua. Podemos pensar que hay una sustitución intencionada de los materiales, ya que desaparece por completo la madera y aparecen el acero y el vidrio en un intento por desmaterializar por completo la arquitectura: en este punto el espacio se ve envuelto por completo por el *fuzeï*, que parece sostener la arquitectura más allá de los propios elementos portantes o estructurales. Además de los guiños formales que el autor evidencia hacia emblemas de la modernidad como el arquitecto brasileño Oscar Niemeyer, de quien toman decididamente las formas curvas de algunos de sus proyectos, algo que no puede surgir directamente de la tradición japonesa. Incluso en ese desplazamiento en el uso de los materiales pulidos se podría ver una huida intencionada del gusto por lo opaco propio de la cultura japonesa, como recoge Tanizaki en su *Elogio de la sombra* (aunque quizás sería más acertado de la penumbra).

El libro de Alberto López del Río abre una preciosa puerta que nos ayuda a entender el ejercicio de la arquitectura japonesa contemporánea como un difícil equilibrio, raro en occidente, entre tradición y vanguardia, entre permanencia y experimentación, con la presencia continua de la naturaleza, representada por dos argumentos fundamentales, el árbol y el bosque, como signos identitarios. La lectura del libro sorprenderá por el nivel de erudición del autor y por su elegante escritura, propia de alguien envuelto, siguiendo las indicaciones del *Sakuteiki*, por ese *fuzeï* que le permite entender el espíritu de la arquitectura y trasladarlo al lector de forma inteligente a la vez que poética, desde un conocimiento directo de las arquitecturas y paisajes que desfilan por el libro.

Notas

[1] El nombre se podría traducir como "naranjo silvestre". No se conserva el texto original sino una transcripción del siglo XIII en dos rollos, que es la que ha llegado hasta nuestros días a través de traducciones varias.

[2] La traducción es de Alfredo Mateos Paramio, filólogo, erudito y querido amigo con el que fragüé la idea de realizar una traducción al español del *Sakuteiki*, de la que sólo pudimos hacer los párrafos iniciales para una carpeta que él mismo editó, desde su Galería de Arte Photosai, con una serie de siete obras mías sobre el texto japonés. Su muerte prematura truncó esta y otras maravillosas aventuras que habíamos iniciado juntos y detuvo para siempre su *fuzeï*.

[3] Hace algunos años, visitando Tokio, un amigo japonés intentó explicarme qué era *fuzeï* con un ejemplo: la emoción contenida que envolvía a una antigua dama contemplando el momento preciso de la caída de la flor del cerezo, o lo que es lo mismo, el instante detenido en la poesía japonesa, que es básicamente puro *fuzeï*.

Gaudí decía que su maestro era el árbol que tenía delante; yo también pienso que nunca podremos hacer una arquitectura mejor que la de un árbol. Toyo Ito (Serra, 2009).

Un bosque es un lugar donde se funden la transparencia y la opacidad; donde coexisten la segmentación y la totalidad. Es un lugar que tiene una envolvente exterior y que, al tiempo, carece de ella. Confortable para el ser humano, el bosque es también un lugar de otredad. La arquitectura como bosque es una imagen ideal de arquitectura. Sou Fujimoto (El Croquis, 2010, 201).

El árbol y el bosque en la cultura japonesa

La relación de cercanía entre los seres humanos y el mundo natural que les rodea es una característica destacada de la cultura japonesa tradicional, pero parecía haber perdido peso a lo largo del siglo XX debido fundamentalmente a la paulatina occidentalización del país, manifestándose en todos los ámbitos de la cultura, entre ellos, el arquitectónico. Sin embargo, desde mediados del siglo XX y ya en el siglo XXI, en algunas de las descripciones y conceptos con los que diversos autores explican su arquitectura, comienzan a cobrar importancia las alusiones a elementos y espacios naturales, especialmente árboles y bosques. La referencia a estos evoca cualidades deseables que tratan de incorporarse en el diseño y la arquitectura, y hace que la comprensión de la obra sea más asequible para cualquiera que se acerque a ella. Estas alusiones no son fruto de una circunstancia contingente ni de un acercamiento propio de una necesidad actual, sino que se enraízan en un poso cultural más profundo apoyado en la tradición, retomando una cualidad intrínseca del pueblo japonés. En palabras de Federico Lanzaco Salafranca:

> *Los valores clásicos de la cultura Japonesa no se centran en el hombre sino en la Naturaleza (...) El hombre se identifica arrebujado en el regazo de su madre Naturaleza.* (Lanzaco, 2011, 40).

El árbol y el bosque sagrados

Para las dos principales religiones de Japón, Sintoísmo y Budismo, la naturaleza está cargada de espiritualidad. En el Sintoísmo, la religión originaria del país, se refleja el temor reverencial del pueblo japonés hacia las fuerzas de la naturaleza (García Gutiérrez, 1973, 75) y es en ellas donde reconoce a las divinidades, los *kami* (神) (Ono, 2008, 24), los espíritus sagrados que rigen su destino. En palabras de Vicente Haya:

> *El japonés cree que el ser humano ha construido su mundo con el permiso de los kami como un lugar donde ellos se están continuamente manifestando.* (Haya, 2013, 207).

En las rocas, los árboles, las montañas, los ríos, es donde los *kami* toman forma en nuestro mundo, donde se manifiestan. Es a través de estos elementos que se produce su interacción con el ser humano. Lo más probable es que estos encuentros, estos descubrimientos de lo sagrado, tuvieran lugar, en tiempos ancestrales, en lugares apartados, inhabitados, en los que la fuerza de la naturaleza lo dominaba todo. En una roca o en un viejo y gran árbol se concentra la presencia de lo sagrado, convirtiéndose estos en primitivos altares, lugares de comunión con los *kami*.

> *(...) en un viejo árbol, más viejo quizás que todos los habitantes de la villa, ellos descubrían la presencia de la divinidad.* (García Gutiérrez, 1973, 75).

Es esta una creencia primigenia, anterior a la aparición de un entendimiento religioso organizado, es la creencia en el *kodama* (木霊)[1], el espíritu que reside en algunos de estos árboles. Esta es la primera fuente de veneración de los árboles en Japón y surge de forma intuitiva. Acercándose a ellos uno se acercaba al espíritu del kami (Ono, 2008, 113).

Podemos imaginar lo que suponía para un ser humano arcaico la toma de consciencia, la identificación, de uno de estos elementos como algo que contenía y que podía permitirle un acercamiento más directo a lo sagrado (Eliade, 1981, 372), a los espíritus, en un lugar apartado en el interior de un denso bosque. Es por esto que el ser humano identifica estos árboles colocando a su alrededor la cuerda sagrada, *shimenawa* (注連縄), pasando a conocerse como *shinboku* o *shinju* (神木), literalmente "árbol divino".

Así, se señaliza este elemento, diferenciándolo del resto y se le separa del espacio profano circundante. Con un sencillo símbolo, arcaico y perecedero, una cuerda de paja trenzada (Nitschke, 1979, 53), se crea una marca reconocible en el territorio, cambiando de inmediato la percepción del objeto. Se convierte con este gesto en algo a lo que venerar y también a lo que temer. Con lo que no se puede interactuar ya de forma descuidada sin ser conscientes de las consecuencias que nuestros actos pueden tener sobre nosotros mismos (Eliade, 1981, 373).

Al atar la cuerda alrededor del árbol se ordena lo que sucede a su alrededor y, a partir de este gesto, también el espacio cambia de carácter (Nitschke, 1979, 53). No sólo el árbol, sino el espacio circundante se reconocen entonces como sagrados, por lo que se coloca una cerca alrededor de un área de bosque algo más amplia para controlar la interacción con ambos. A partir de esta toma de consciencia de lo sagrado, no sólo como un objeto sino como un espacio, aparece también la necesidad de generar un ámbito más amplio de comunión con el *kami*, un espacio físico que nos permite un proceso de inmersión en la naturaleza, en los dominios del *kami*, que nos

Fig. 1.1 - Árbol sagrado en el recinto de Kasuga Taisha, Nara. Fot. Autor del libro, 2016.

va preparando para el contacto con éste. Aparece entonces el *torii* (鳥居), una puerta que actúa como señal y límite, que nos asegura que, una vez franqueada, nos encontramos en el ámbito de lo sagrado.

Hay una especie arbórea en particular que es considerada sagrada en el Sintoísmo y cuyo uso y concepción como elemento de estas características ha evolucionado en paralelo, diferenciándose levemente, de esta imagen

Fig. 1.2 - Himorogi compuesto por cuatro árboles unidos por una cuerda con un árbol central actuando como yorishiro, Naka (Gifu). Fot. Autor del libro, 2016.

inicial del árbol sagrado. Se trata del *sakaki* (榊, *cleyera japónica*), un pequeño árbol o arbusto de hoja perenne cuyas ramas se emplean en determinados ritos. Su importancia como elemento sagrado está asociada a la figura de Amaterasu, la diosa del Sol, y una de las deidades principales del Sintoísmo[2]. Desde la antigüedad, el árbol *sakaki* parece ser un objeto que se utilizaba para establecer un contacto con los dioses, y es posible asumir que el árbol *sakaki* ha sido el prototipo de lo que después se conocería como *himorogi* (神籬) (Tange, 1965, 40-2), un altar temporal construido para albergar a una deidad durante un ritual sintoísta. Estos altares se construían dentro de un espacio aproximadamente cuadrado que se vaciaba y se cubría de pequeños guijarros, la delimitación de un espacio habitado por las deidades, y que se conoce como *shiki* (Tange, 1965, 33)[3]. El *himorogi* está compuesto por una valla de madera, *tamagaki* (玉垣), o un grupo de árboles de hoja perenne, *tokiwagi* (常盤木) (Takei, 2008, 116), que rodean el espacio en el que se coloca el *yorishiro* (依代), el objeto propiamente dicho que supone la manifestación visual de la deidad para los creyentes (Nitschke, 1979, 59), que bien puede ser una rama de *sakaki* o, con un simbolismo ritual más elaborado, un poste de madera, el *shin no mihashira* (心の御柱) o pilar del corazón.

La importancia simbólica del *shin no mihashira* la encontramos en uno de los principales santuarios sintoístas, vinculado a la Familiar Imperial y en el que se rinde culto a Amaterasu, la deidad principal del panteón sintoísta, el santuario de Ise - Ise Jingū. Según el Nihon Shoki, su origen se remonta a la princesa Yamato-hime, quien, durante el reinado del Emperador Suinin (sobre 249-280 d.C.), construyó lugares de devoción para Amaterasu por todo el país[4] durante cincuenta años, hasta que finalmente consagró un santuario bajo un roble sagrado cerca del río Isuzu, en Ise (Tange, 1965, 171).

El gran santuario se compone de dos complejos, Geku, o exterior, y Naiku, o interior, separados varios kilómetros y ubicados en el interior de zonas boscosas. Ambos conjuntos están formados por numerosas edificaciones, entre las que destacan los santuarios principales, que se distribuyen siguiendo un mismo patrón: un edificio central y dos edificaciones más pequeñas situadas a cada lado de la primera, ubicadas en un área delimitada por guijarros extendidos en el suelo. Alrededor de los edificios, cuatro cercas de madera concéntricas delimitan otros tantos ámbitos. Bajo el edificio principal, oculto a la vista, descansa el *shin no mihashira*, el pilar sagrado que, sin embargo, carece de función estructural, ya que se empotra en el suelo pero en su parte superior no llega a tocar la edificación.

Al lado de este conjunto formado por las tres edificaciones y las cuatro cercas hay un solar vacío, cubierto también con piedras, el *kodenchi* (古殿地), el lugar en el que se construirá el nuevo santuario en las reconstrucciones que tienen lugar cada veinte años, destruyendo el existente, en un proceso de renovación cíclico. En el centro de este solar encontramos un pequeño santuario, *oiya* (覆屋) (Horiguchi, 1972, 5), una construcción rudimentaria de madera con cuatro paredes y una cubierta a dos aguas que contiene en su interior otro *shin no mihashira*. Estos pilares conforman uno de los mayores misterios de Ise. Se cree que son unos sencillos postes de madera rodeados por varias capas de seda en las que se han insertado ramas de *sakaki* (Tange, 1965, 42). En el Naiku, dentro del edificio principal del santuario y justo encima del *shin no mihashira*, reposa el espejo sagrado[5], el mismo que, según el Kojiki, se empleó para hacer salir a Amaterasu de la cueva en la que se había recluido, privando al mundo de su luz, y que se convirtió en símbolo de ella misma al capturar su reflejo (Rubio, 2008, 74-6). La deidad se lo entregó a sus descendientes como señal inequívoca de su filiación divina cuando, en tiempos míticos, los envió a gobernar el País de Ashihara (Rubio, 2008, 108-9)[6].

Parece claro poder asumir entonces que el *shin no mihashira* en Ise comparte el simbolismo del árbol *sakaki* del que colgaba el espejo sagrado. El

Fig. 1.3 - Ise Jingu. Santuario exterior Geku. Santuario construido con edificaciones dentro de las cercas. Fot. Autor del libro, 2016.

shin no mihashira sirve para conectar con la divinidad[7], y el espacio vacío y la arquitectura que lo rodean pueden entenderse como unos evolucionados *shiki* y *himorogi*. Sin embargo, este espacio arquitecturizado es un espacio "concedido" por la naturaleza y no puede entenderse como independiente de ella (Tange, 1965, 33; Horiguchi, 1972, 3). Incluso el claro que se genera en el bosque en el que se ubican los edificios de los santuarios no es un espacio completamente vacío, sino que se mantienen varios grandes árboles en pie en señal de reverencia (Tange, 1965, 168).

Podemos entender entonces el bosque como el espacio sagrado característico del Sintoísmo. Aun cuando hoy día, en algunos casos, encontramos solamente un grupo de árboles, estos señalarán la presencia de lo sagrado[8]. Una vez franqueado el *torii* entramos en un lugar en el que la naturaleza está en comunión con la divinidad, la cual se manifiesta con mayor intensidad en algún elemento natural, a cuyo alrededor se ha delimitado un espacio para que esta habite. En este espacio vaciado, se encuentra el origen de la arquitectura del Sintoísmo, que surgió como protección o contenedor de los símbolos sagrados. Sin embargo, la arquitectura no es imprescindible[9], ya que es la naturaleza, los elementos y espacios, los que conforman la representación de lo sagrado.

Fig. 1.4 - Ise Jingu. Santuario exterior Geku. Solar vacío kodenchi con pequeño santuario oiya que contiene el shin no mihashira. Fot. Autor del libro, 2016.

Según nos narra Mircea Eliade:

> *La reina Mâhâ – Mâyâ dio a luz a Buda al pie de un árbol sâla y agarrada a una de sus ramas (...) por haber nacido junto a una fuente de vida y de salud, el niño se ha asegurado el mejor destino, no tendrá enfermedades, estará fuera del alcance de los malos espíritus y de los accidentes (...) es en cierto modo un nacimiento per proximi, la verdadera madre es la vegetación, que cuidará de él.* (Eliade, 1981, 312).

A lo largo de toda su vida, la figura de Buda[10] se entenderá asociado a la vegetación, ya sea como símbolo de protección o, incluso, como representación de su propia persona. Estas creencias se asocian a culturas prebudistas y a la cultura hinduista de la que proviene el propio Buda.

Un caso más significativo lo encontramos en las antiguas ciudades arias, en cuyo centro, en el cruce de sus dos calles principales, se abría una pequeña plaza en la que se encontraba un árbol *pipal* (*ficus religiosa*), un Árbol del Conocimiento (La Plante, 1992, 16). Fue precisamente bajo uno de estos árboles, en Bodh Gaya, en la India actual, que Buda alcanzó su iluminación, y aún hoy podemos encontrar allí un gran ejemplar que se cree que es un descendiente directo de este árbol. A éste se le conoce como árbol Bodhi, o Bodaiju en japonés (Cabeza, 2019, 75-6).

Fig. 1.5 - El nacimiento de Buda, siglo I d.C. Cultura Gandhara. En el centro de la figura Buda sale del cuerpo de la reina Mâyâ que se sujeta a un árbol sâla mientras el dios Indra, a su izquierda, recibe al niño. Fot. Autor del libro, 2019.

Como vemos, la asociación de los árboles con Buda está muy extendida y ampliamente fundamentada, por lo que no es de extrañar, como hemos comentado, que su figura humana sea sustituida simbólicamente por elementos vegetales. Así, en los relieves de las puertas de los *stupa* de Sanchi (siglo I d.C.), en la India, vemos alusiones a las vidas previas de Gautama, así como a su vida mortal. En ellos, Buda no aparece en su forma humana, sino a través de varios símbolos: el loto, la rueda, el árbol y una pequeña stupa, todas referencias icónicas de su presencia (La Plante, 1992, 16).

El *stupa* es una construcción conmemorativa asociada generalmente al budismo cuyo origen es probablemente anterior (Cabeza, 2019, 75-6). Se trata de montículos funerarios de forma esférica de cuya cúspide emerge un parasol de varios discos que contenía las cenizas de Buda (La Plante, 1992, 14), convirtiéndose sus asentamientos en lugares de peregrinación para los devotos. En la India, algunas de las más antiguas y de las mejor conservadas son las de Sanchi, a las que ya nos hemos referido, una agrupación de tres stupa construidas en ladrillo y piedra que datan de entre los siglos III a.C. y I d.C. En ellos aún podemos apreciar esta sencilla configuración de los primeros modelos, que ha ido evolucionando hasta configuraciones tan ricas y elaboradas como el complejo de Borobudur, en Indonesia.

La configuración del *stupa* nace de la propia forma de los enterramientos hindúes prebudistas, en concreto de la tumba del propio Shakyamuni, un montículo de tierra sobre el que se plantaba un árbol (Fujimori, 2017, 160). Es, además, una representación simbólica de la montaña sagrada, el Monte Meru o Sumeru de la cosmología hindú y budista, en cuya cima se encuentra el *axis mundi* (La Plante, 1992, 14-6), el pilar o árbol sagrado cósmico que comunica el cielo, la tierra y el inframundo, en una representación cosmológica compartida por diferentes culturas (Eliade, 1999, 45-7).

Según recogen varios autores, la pagoda de madera japonesa es una evolución del *stupa* adaptada al entorno. Destacamos al respecto las palabras de Kakuzo Okakura, según el cual:

> *La estupa, mediante la evolución de su soporte, ya tenía varios pisos incluso en una época tan temprana como la de Kanishka, y cuando adoptó las formas chinas, con las condiciones que imponía la arquitectura en madera, se convirtió en la pagoda de madera, tal y como se conoce en Japón en la actualidad.* (Okakura, 2018, 101-2).

Como vemos, según las palabras de Okakura, es la evolución del soporte, el antiguo parasol del *stupa* que contiene en su forma el simbolismo del árbol, la que da lugar a la pagoda japonesa. Esta idea se apoya, sin embargo, no solo en una evolución formal, como vemos en la pagoda china, sino en la importancia que tiene el árbol para el Sintoísmo (Cabeza, 2019, 83).

La pagoda no tiene ninguna función práctica, es toda ella una representación del universo y un símbolo de Buda (García Gutiérrez, 2004, 26). Formalmente, es una construcción de madera de varias plantas atravesada por un pilar central, *shin bashira* (心柱)[11], bajo el que se guardan las reliquias y que no está debidamente cimentado, posiblemente con funciones sísmicas (Cabeza, 2019, 83). Encontramos pagodas de tres, cinco o incluso más pisos, pero usualmente son las de cinco pisos, *gojunotō* (五重塔) (Cabeza, 2019, 80), las más apreciadas y entre las que encontramos algunos de los ejemplos más conocidos. Estos se asocian a los *gorintō* (五輪塔, pagoda de cinco anillos), pequeñas esculturas de piedra o metal que sirven como monumentos funerarios y que representan los cinco elementos del cosmos, *godai* (五大): tierra, agua, fuego, aire y vacío o éter. Esta progresión ascendente en el eje cósmico que conecta la tierra con el cielo se materializa en la forma con que es representado cada elemento. Desde la estabilidad del cubo en la base que alude a la tierra, pasando por la esfera que representa al agua, la pirámide o tetraedro para al fuego, la semiesfera al viento y otra forma semiesférica que representa una joya y que alude al vacío.

En las primeras construcciones budistas de Japón la pagoda tenía un papel protagonista, ubicándose en una posición central en el *kairō* (回廊), el claustro que encerraba la parte más importante del templo, como vemos en el complejo de Hōryū-ji, en Ikaruga, próximo a Nara. En él, la pagoda y el *kondō* (金堂), el salón principal que conforma un edificio independiente, se encuentran en paralelo dentro del *kairō*. Posteriormente su posición fue alejándose progresivamente del centro, hasta ubicarse ya fuera del claustro, como vemos en los templos de Kōfuku-ji en Nara, o de Tō-ji en Kioto (García Gutiérrez, 1998, 167-81).

El conjunto central de Hōryū-ji constituye un ejemplo interesante, no sólo por sus cualidades físicas sino también por su carácter simbólico, ya que se puede asimilar la imagen de su pagoda y su *kondō* delimitados por el *kairō* con las *caityas* de la India, primitivos espacios sagrados compuestos por una cerca de piedra que rodeaba un árbol sagrado y un pequeño templo o altar rudimentario (Eliade, 1981, 279).

Otra de las particularidades significativas de la arquitectura budista de Japón la encontramos en los templos vinculados al budismo esotérico, especialmente al de la escuela Shingon fundada por el monje Kūkai (774-835), al que se conoce con el nombre póstumo de Kōbō Daishi, a principios del s.IX (Lanzaco, 2011, 233). Estos complejos se ubican en montañas boscosas, probablemente en lugares que ya tenían carácter sagrado para el Sintoísmo (La Plante, 1992, 220). La arquitectura budista se adapta a estos entornos estableciendo un diálogo de iguales con la naturaleza o incluso incluyendo elementos naturales dentro del espacio sagrado budista.

Esto lo podemos ver en la pagoda del Monte Haguro, en Tsuruoka, o en la pagoda y el complejo de Murō-ji, próximo a Nara (Fujimori, 2017, 156-63). Ambas pagodas tienen unas dimensiones modestas y, en todo caso, su altura es menor a la de los árboles que las rodean, integrándose en el entorno de manera sutil.

Fig. 1.6 - Pagoda del templo Tō-ji, Kioto, siglo XVII. Fot. Autor del libro, 2016.

La casa que se funde con la naturaleza

En las diversas culturas y religiones orientales, el ser humano busca en el contacto con la naturaleza la espiritualidad, la comprensión del mundo y de la vida e, incluso, de la belleza. En muchos casos, esto se alcanza a través del contacto con algún lugar cargado de fuerza simbólica o en el establecimiento de un retiro en medio de la naturaleza, un retiro autoimpuesto y solitario, que supone el alejamiento del mundo, de la sociedad, y la unificación con la naturaleza.

Es esta una costumbre que proviene fundamentalmente de los ideales del taoísmo, para los que el secreto de la Vía del Tao se encuentra en el conocimiento y la unión con la naturaleza (Lao Tse, 2013, 37). Al principio, en la China de la dinastía Han (s. III a.C. - s.III d.C.):

> *(...) los hombres instruidos se retiraban a bosquecillos de bambú para hablar de filosofía.* (Okakura, 2018, 75).

En Japón, son también numerosos los intelectualesque han elegido retirarse a la naturaleza como fuente de inspiración y de descubrimiento de lo que subyace en la realidad natural. En ellos se entremezclan de manera intuitiva los ideales taoístas y budistas, con la veneración del Sintoísmo, y sin que en muchos casos se haga alusión directa a ninguna de las creencias en concreto para fundamentar esta práctica.

El músico Semimaru en el siglo X, los poetas Saigyō, Kamo no Chōmei, entre los siglos XII y principios del XIII, Yoshida Kenkō, entre finales del siglo XIII y mediados del XIV, y Matsuo Bashō en el siglo XVII, son ejemplos destacados de algunos de estos personajes que vivieron retirados en pequeñas chozas en medio de la naturaleza durante parte de sus vidas. Bashō comparte incluso su apelativo con una de las cabañas en las que vivió, Bashō-an, la cabaña del bananero, que recibe su nombre de uno de estos árboles que había plantado junto a ella y que era un ejemplar especialmente apreciado por el poeta.

Si hay dos autores que nos han hablado de las virtudes y cualidades de una vida apartada estos son sin duda Yoshida Kenkō y Kamo no Chōmei, y lo han hecho a través de escritos que reflejan sus propias vivencias. Con sus palabras[12] describen mejor que nadie los ideales de la vida en una cabaña apartada, del retiro en la naturaleza.

En sus textos, Chōmei nos describe su humilde choza con todo detalle:

(…) me escondo en lo profundo de las colinas de Hino. Al este he añadido una marquesina de un metro, y uso el espacio inferior para partir y quemar leña. Junto a la pared sur he puesto un cañizo de bambú, y al oeste una repisa para las ofrendas a Buda. En la parte norte, detrás de un biombo, he colocado una imagen de Amida y, junto a ella, otra de Fugen. En el extremo este, una cama hecha de helechos secos, para el descanso nocturno. En el suroeste, hay una repisa de bambú con tres cajas negras de piel para poesía y música, y transcripciones de obras religiosas (…) junto a la estantería, contra la pared, tengo un koto y un biwa. (…) Así es mi pequeño hogar transitorio en este mundo. (Chomei, 1998, 75).

Fig. 1.7 - Leyendo en un bosquecillo de bambú (detalle). Rollo pictórico de estilo shigajiku atribuido a Shūbun, siglo XV.

Los ideales de la cabaña apartada, del retiro en la naturaleza, son parte de uno de los modelos arquitectónicos más destacados de la cultura japonesa, la casa de té.

En un primer momento, el té se preparaba en una estancia de la casa especialmente destinada a tal fin, *chanoyu-no-ma* (茶湯の間), y se servía a los invitados en una estancia diferente, *zashiki* (座敷). Posteriormente, se estableció una relación entre el espacio de preparación del té, el maestro y sus invitados, desarrollándose así el concepto de *chashitsu* (茶室), la estancia de té propiamente dicha diseñada para tal uso (Montagnana, 2009, 13). Es la estancia vinculada al *wabicha* (わび茶), una ceremonia del té basada en el espíritu de acogida del maestro hacia sus invitados, así como en su originalidad a la hora de diseñar el espacio y elegir los instrumentos que se van a emplear durante la ceremonia (Montagnana, 2009, 14).

Originalmente, la estancia del té tenía un tamaño de seis *tatami*[13], pero fue sustituida progresivamente por una estancia de menor tamaño, de cuatro *tatami* y medio (Montagnana, 2009, 13)[14], que era la que prefería el maestro Murata Shukō (1423 – 1502), al que se considera el precursor de la unidad entre el maestro, sus invitados y el espacio de preparación del té.

Para Takeno Jōō (1502 – 1555) y, sobre todo, para su discípulo Sen no Rikyū (1522 – 1591), la habitación de cuatro *tatami* y medio no se adaptaba bien a la poética del *wabi* (わび)[15], por lo que reducen el tamaño hasta tres o incluso dos *tatami*. Rikyū escinde la habitación del té en una pequeña edificación aislada, cuya forma, estructura y materialidad están inspirados en el estilo rústico *sōan* (草庵), el de las sencillas cabañas de los ermitaños con techo de paja ocultas en la naturaleza (Montagnana, 2009, 13-4).

El estilo de la *sōan chashitsu* de Rikyū es inseparable del *roji* (露地), el jardín del té que significaba la primera etapa de la meditación (Okakura, 2011, 57), y en el que, al final de un sendero, se llegaba a la casa de té. Así, el jardín, es:

> *(...) como el paisaje del sendero de montaña que conducía a la pobre habitación del ermitaño.* (Montagnana, 2009, 12).

Al caminar por dicho sendero, los invitados comienzan su camino de introspección silenciosa para que la mente alcance el estado de consciencia que la separa del hombre común (Montagnana, 2009, 12).

Aunque alberga una ceremonia refinada que se lleva a cabo de forma cuidada, la construcción de la casa del té es sencilla, y no sólo está pensada para integrarse en el entorno natural, sino que parece provenir de él. La casa de té de estilo *sōan* se cubre con paja o con corteza de ciprés japonés, *hinoki* (檜). La estructura se compone de vigas y pilares de bambú o de troncos de árbol sin descortezar, con una construcción simple, que casi parece descuidada, salvo por el pilar del *tokonoma* (床の間) (Yoshida, 1955, 88-100)[16], *tokobashira* (床柱), o, en otros ejemplos, un pilar interior próximo a la posición del maestro, *nakabashira* (中柱). Para éstos, se eligen cuidadosamente pilares con formas singulares y de maderas preciosas (Cabeza, 2019, 123). A este tipo de construcción con troncos de árbol escasamente trabajados se le conoce como *kuroki-zukuri* (黒木造) (Nakagawa, 2016, 224-5), o estilo de "madera negra", y tiene una serie de cualidades que la han hecho apreciada desde la antigüedad (Isozaki, 2006, 271).

Este estilo constructivo *kuroki-zukuri*, construido con troncos sin tratar y otras maderas no trabajadas, consigue generar un efecto en el que la estructura parece ser parte de la naturaleza. Cuando, en algunas casas de té, esto se combina con la ausencia de paredes de cierre, como es el caso de la Tsutsuji de finales del periodo Edo que encontramos en el jardín Rikugi-en de Tokio, o con grandes puertas y ventanas corredizas de madera y papel, *fusuma* (襖) y *shōji* (障子), se da una interpenetración total de casa y jardín.

Fig. 1.8 - Casa de té estilo sōan, Ihō-seki, Kōdai-ji, Kioto, hacia 1634. Fot. Autor del libro, 2016.

Desde el interior, los pilares desaparecen sobre el fondo natural, confundiéndose con los árboles del jardín (García Gutiérrez, 1997, 201). Es el caso de los pabellones de té de la Villa Katsura (s. XVII), Katsura Rikyu, de Kioto. Según algunos autores, esta villa podría ser un retiro destinado por completo al disfrute de la ceremonia del té (La Plante, 1992, 256).

Volviendo nuevamente a la habitación del té de Sen no Rikyū, constatamos, a diferencia de los ejemplos anteriores, que se trata de un espacio más cerrado. A la estancia, de apenas 180 cm de altura y de suelo elevado, se accede por una pequeña puerta, nijiriguchi, de poco más de 2,5 *shaku* (尺) de alto, por unos 2,2 *shaku* de ancho (Montagnana, 2009, 16), unos 75 por 66 cm. Y es además un espacio oscuro, cerrado entre los pilares que sirven de estructura por muros de tierra con revestimiento rústico que apenas permiten su iluminación. Tanto para Rikyū como para su maestro Takeno Jōō, el control de la luz es el que le da a la estancia su carácter "sagrado" (Montagnana, 2009, 18).

Fig. 1.9 - Detalle del Pabellón de té Shōka-tei. Villa Katsura, Kioto, siglo XVI. Fot. Autor del libro, 2016.

Para Terunobu Fujimori,

> *(...) la casa de té de Rikyū es un espacio introvertido (...) como una gruta.* (Fujimori, 2008, 44).

y por tanto, según Okakura, la habitación del té era un oasis apartado del mundo, en el que se representaba

> *(...) un drama improvisado que giraba en torno al té, las flores y las pinturas.* (Okakura, 2011, 32).

La decoración y todo lo accesorio se había eliminado para centrarse en los sonidos y los gestos, en la belleza de cada objeto seleccionado. Y es que todos los objetos que componen la experiencia estética del té tienen que ver con el gusto de cada maestro, como también lo hace la propia casa, ya que es la materialización física de su espacio espiritual (Fujimori, 2008, 44).

Fig. 1.10 - Nakabashira de la casa de té Tōyōbō, diseñada por Sen no Rikyū, Kennin-ji, Kioto, 1587. Fot. Autor del libro, 2016.

La representación del árbol y su relación con el espacio

Al acercarnos por primera vez al escenario de un teatro *noh* (能) sorprende la sencillez de su factura y su escasa decoración. Son espacios cuadrados construidos en madera de ciprés japonés, *hinoki*, con piezas solamente trabajadas para darles forma y cuyo acabado es la suave textura del material, sin ninguna protección superficial. La escena central, *honbutai* (本舞台), está delimitada por cuatro pilares y del fondo de uno de sus lados parte una pasarela inclinada que conecta la escena, el mundo de los vivos, con una sala oculta tras unas cortinas, el *kagami no ma* (鏡の間) o sala del espejo, que se corresponde con el mundo de los muertos (de Blas, 2007, 14-5). Y es que el *noh* es una representación simbólica, que no busca reproducir la realidad. Seres vivos, muertos, espíritus, todos se reúnen en la escena para conocer la verdad de la historia que se representa (de Blas, 2007, 9). El *shite* (シテ), el personaje principal de la obra, alberga en su interior el espíritu de un personaje histórico o puede que incluso de un animal, un árbol, un demonio o cualquier otro ser (de Blas, 2007, 11-2), y se reúne en la escena con el *waki* (ワキ), el mediador humano.

Toda la historia transcurre delante de un elemento que destaca en el escenario, un gran pino pintado que ocupa la pared trasera, *kagami ita* (鏡板). Aparte de unas pequeñas cañas de bambú pintadas en una pared lateral no hay ningún otro decorado o escenografía. Y es que el escenario es también un espacio simbólico. El pino, *oimatsu* (老松), representa otro de gran tamaño que se encontraba en el Santuario de Kasuga - Kasuga Taisha - en Nara, conocido como *yōgō-no-matsu* (影向の松), el pino del advenimiento o de la aparición. Fue bajo este árbol, según el relato mitológico, que el dios del santuario descendió en la forma de un anciano y realizó una danza ritual, dando así su origen mítico al teatro *noh* (Vives, 2010, 25 y 46).

El pino permite como vemos la conexión de lo celestial, de la divinidad, con lo terrenal, y es la representación constante de la presencia de lo divino en el mundo humano. El escenario es por tanto un altar (de Blas, 2007, 12), un espacio sagrado, y su arquitectura es, como la de los santuarios sintoístas arcaicos, una construcción temporal de madera sin tratar, construida para dar cobijo simbólico a un encuentro con la divinidad. Debido a que trata de representar un elemento concreto y, por tanto, a este carácter simbólico, su patrón formal se repite de manera casi invariable a lo largo de todo Japón.

Las antiguas representaciones tenían lugar al aire libre al lado de algún gran árbol, delante del cual, probablemente, se levantaba una plataforma temporal para albergarlas, separando así físicamente el espacio de la escena, de carácter sagrado, del espacio común circundante. Aun hoy día es posible ver este tipo de representaciones en el *takigi-noh* (薪能), una forma de teatro *noh* que se celebra sobre todo en los santuarios y que se desarrolla sobre una plataforma abierta construida delante de algún gran árbol, habitualmente un árbol sagrado delimitado por una cuerda *shimenawa*, que actúa, al igual que el pino del *kagami ita*, como mediador simbólico entre los mundos[17].

En la tradición japonesa, la relación entre espacio arquitectónico y espacio natural, representado fundamentalmente por el jardín, se da como una interpenetración entre ambos. Los espacios interiores, con sus cerramientos ligeros y móviles y su sencilla construcción, tienen como fondo, una vez retirados estos, la naturaleza contenida en el jardín, y pueden entenderse como una prolongación de esta, poco más que un espacio natural protegido de la lluvia.

Fig. 1.11 - Escenario de teatro noh en el Santuario de Itsukushima, Miyajima. Fot. Autor del libro, 2016.

Esta es una característica ampliamente reconocida y estudiada de la arquitectura tradicional japonesa[18], y podemos decir que está presente tanto en la arquitectura civil como en la arquitectura religiosa, y en las diferentes escalas. Con todo, al producirse progresivamente un mayor confinamiento del espacio, se va viendo reducida la posibilidad de un contacto directo continuo con la naturaleza desde todas las salas. Esto se hace especialmente patente en edificios que tienden a una mayor reclusión del espacio interior, como son las arquitecturas de los castillos[19] y palacios de los periodos Muromachi (1333 - 1573), Momoyama (1573 - 1614) y Tokugawa o Edo (1615 - 1868), este último especialmente en su fase más temprana, con sus particiones opacas e incluso con cerramientos de carácter defensivo sin apenas aberturas. Sin embargo, el anhelo del contacto con la naturaleza seguirá estando presente aun en estas situaciones, por lo que se hacen necesarios mecanismos que permitan acercar la naturaleza de forma constante a estos espacios. Será la pintura el medio empleado para dar solución a esta necesidad. Es por esto que se va a producir en estas épocas un mayor auge de la pintura de carácter decorativo, frente a la pintura de carácter narrativo de periodos anteriores. Se verá por tanto disminuido el interés en la representación de la figura humana, propio de la pintura budista y de aquella donde se narra la vida cortesana o de personajes ilustres de periodos anteriores, frente a un aumento del interés en la pintura de paisaje.

La representación paisajística fundamenta su origen en Japón en influencias chinas, y su desarrollo se relaciona con autores como Shūbun o Sesshū. Estos trabajan sobre todo la pintura a tinta en rollos verticales y dotan a sus representaciones del paisaje de vinculaciones religiosas que tienen que

Fig. 1.12 - Reproducciones de los paramentos decorados por Hasegawa Tōhaku (siglo XVI) en el templo Chishaku-in de Kioto. "Kaede" - arce - (izquierda) y "Sakura" - cerezo - (derecha). Fot. Autor del libro, 2016.

ver principalmente con la influencia del zen. Sin embargo, aun cuando técnicas, estilos y temáticas sean de influencia china, los autores japoneses mantienen una apreciación propia del paisaje que plasman en sus pinturas. Como señala Fernando García Gutiérrez:

> *(...) donde el artista chino procura pintar una profundidad ilimitada para expresar la inmensidad del universo, el pintor japonés prefiere pintar un paisaje menos profundo y más concreto.* (García Gutiérrez, 1973, 77).

Esa mayor concreción en la representación del paisaje va a ser determinante en el salto de escala que va a provocar el cambio de soporte (García Gutiérrez, 1993, 297-8). De la pintura en rollo al biombo e, incluso, a los cerramientos de las salas. Esto va a dotar a las representaciones pictóricas de un carácter espacial más amplio, envolvente en algunos ejemplos, al vincularlas directamente a la percepción del espacio arquitectónico.

El uso de los biombos y de los paramentos decorados estaba ya presente en las villas de retiro de los *shōgun* (将軍)[20] Ashikaga, como el actual templo Kinkaku-ji, anteriormente residencia de Ashikaga Yoshimitsu (1358 - 1408), o en el templo Ginkaku-ji, antigua residencia de Ashikaga Yoshimasa (1436 - 1490), ambas en Kioto, y lo encontramos también de forma destacada en muchos templos budistas, en los que su uso seguirá teniendo gran importancia. En ese sentido, tan solo en la arquitectura palaciega y en la de los castillos, el uso de biombos y paramentos decorados alcanzará un mayor y más rápido auge que en la arquitectura religiosa budista.

Los motivos principales que encontraremos representados en estas pinturas serán animales y plantas y, sobre todo, árboles. Prácticamente podríamos seguir la evolución de la pintura japonesa entre los siglos XV y XVIII haciendo un recorrido a través de los biombos y paramentos con motivos arbóreos que pintaron los más destacados maestros de estos periodos[21]. Las pinturas a tinta monocromas sobre el fondo neutro que proporciona el soporte son más propias de las obras que encontramos en los monasterios, mientras que en algunos templos pero, sobre todo, en los castillos y palacios, encontramos habitualmente pinturas a color sobre fondos dorados. Cipreses, ciruelos, arces y, sobre todo, pinos, son representados en muchos casos a tamaño real, al igual que los animales que a veces los acompañan, habitualmente sobre un fondo continuo y poco o nada definido de carácter neutro, aun cuando se empleen tonos dorados. Los biombos y paneles corredizos ocupan uno, dos o tres lados de las estancias, sirviendo habitualmente como contrapunto al jardín una vez retirados los cerramientos que permiten su visión. O incluso en algunas estancias llegan a ocupar sus cuatro lados, definiendo completamente la percepción del espacio interior. Un caso paradigmático es el de las grandes salas de recepción, decoradas con pinturas murales de grandes pinos obra de Kanō Tannyū, Ōhiroma, en el palacio Ninomaru, en Nijō-jō, el castillo-palacio levantado en Kioto a principios del siglo XVII por el shōgun Tokugawa Ieyasu (1543 - 1616).

En virtud de las cualidades que hemos definido, estas pinturas se convierten en ventanas a la naturaleza. Esto se aprecia especialmente en aquellos casos en los que las figuras de los árboles parecen no verse restringidas a los límites que impone el soporte. Las dimensiones de biombos y paramentos marcan el borde y contienen aquello que podemos percibir desde el espacio interior, pero las formas de los árboles continúan más allá de su contorno. Se consigue así cierta idea realista de percepción de la naturaleza, ya que frente a una representación de paisajes a gran escala, que supondrían una visión en la lejanía, se opta por la representación de fragmentos de un paisaje cercano, una naturaleza en la que sentirse inmerso y que se puede tocar con la mano.

Frank Lloyd Wright, destacado conocedor del arte japonés, se refiere a la capacidad de capturar las formas naturales por parte de los artistas japoneses en virtud a un profundo conocimiento de aquello que se quiere representar y que, sin embargo, no se queda en la mera reproducción de los aspectos externos de lo que se contempla sino que penetra en la forma exterior y trata de reflejar lo que constituye su carácter determinante (Wright, 2018, 51). Wright, en parte motivado por sus propios intereses artísticos y

sus estudios de la forma, alude al control de la estructura interna y de la geometría subyacente como mecanismo de control formal en el arte japonés, sin dejar de lado, en todo caso, aspectos que van más allá de lo formal. Y es que estos mecanismos geométricos no son rígidos ni exactos, sino que prevalece la libertad en la representación, apoyada en la sensibilidad personal y en la búsqueda de la naturalidad y la armonía (Watsuji, 2006, 230-1).

> *Un artista japonés capta siempre la forma accediendo hasta la geometría subyacente, sin perder de vista su eficiencia espiritual.* (Wright, 2018, 45).

Una cualidad especialmente relevante de estas obras es la representación de un arbolado de formas sinuosas e irregulares[22], carentes de todo orden racionalizado aparente, y más próximas a una representación naturalista de los objetos. Como nos dice Tetsurō Watsuji:

> *(...) en la naturaleza, el árbol mantiene cierta irregularidad y nos hace pensar en un orden inmanente en su figura. Si se quita artificialmente incluso este mínimo de irregularidad, lo único que se logra es apartarse más y más de la naturaleza, la sensación de artificialidad.* (Watsuji, 2006, 227).

Estas posiciones irregulares o inestables de árboles y ramas se enfatizan especialmente, además de en la pintura, en los jardines de paseo. En el lago del jardín exterior del complejo de Ryōan-ji, un gran árbol se tumba hacia el agua, descansando sobre un soporte de madera. Este recurso lo vemos también en la Villa Katsura, en el templo Byōdō-in de Uji y en otros muchos ejemplos, y se lleva al extremo en jardines como el Kenroku-en de Kanazawa, en el que los grandes árboles adoptan líneas casi horizontales, sustentándose en varios

Fig. 1.13 - Biombos "El ciprés". Kanō Eitoku, siglo XVI.

soportes de madera. En el caso del Kenroku-en, aún es más llamativa su imagen en época invernal, en la que se "visten" con ropajes de cuerda para protegerlos del peso de la nieve, en una visión sorprendente y característica que ha sido reflejada no pocas veces por el arte. En algunas ocasiones, estos soportes llegan a participar del espacio del jardín transitable por los usuarios, creando complejos entramados de cualidades casi arquitectónicas.

En la pintura en que se representa el paisaje de una forma más amplia, aun cuando haya casos en que tenga cierto carácter decorativo, se produce una mayor tendencia hacia la abstracción, por las limitaciones lógicas que impone la mayor lejanía del punto de vista. Tal vez más que de abstracción, entendida como una menor definición de los detalles de la forma o de la reducción de la forma natural a otras más simplificadas, sería más correcto hablar de indefinición, de una representación escasamente definida de las formas naturales, de una definición borrosa e incompleta.

En estos casos, el artista recurre al propio conocimiento adquirido por el espectador, a su capacidad de asociación entre el sentimiento de lo que percibe y aquello que el artista trata de reflejar (Wright, 2018, 55-7). Se consigue con esto una percepción de la obra más atenta y dinámica (Espuelas, 1999, 137), basada en una visión que busca algo en lo que apoyarse para resolver el misterio de lo no definido y, por tanto, en una mayor implicación del observador en la escena. En la obra Shorinzū de Hasegawa Tōhaku (1539 - 1610), dos biombos de seis paneles cada uno, se representan varios grupos de pinos que van desapareciendo en la niebla. El efecto ambiental se logra gracias al contraste entre lo que se define y el vacío, aquello que no se pinta. Solamente tres o cuatro árboles que se ven en primer término tienen

Fig. 1.14 - Biombos "Shōrinzu". Hasegawa Tōhaku, siglo XVI.

una mayor intensidad en el trazo y unos detalles más definidos. Esto se pierde en los árboles que vemos por detrás de los primeros, que presentan progresivamente figuras más tenues hasta desaparecer por completo en las grandes zonas vacías de la pintura. Se crea de esta forma una gradación dinámica de la percepción de la obra, que se mueve entre los diferentes planos de visión que generan las zonas con figuras y aquellas vacías.

Por su parte, en numerosos grabados ukiyo-e, el árbol ocupa el primer plano de visión, restringiendo o filtrando la completa percepción de lo que hay detrás. Esto, que podría parecer extraño desde un punto de vista de la percepción de la escena, es un recurso que obliga a una visión secuenciada y de carácter realista. Al igual que ocurre en el mundo real, nuestra mente es capaz de fijarse en los objetos que hay en los diferentes planos de visión, trasladando nuestra atención de unos a otros y reconstruyendo escenas fragmentadas. Lo que ocurre en el segundo y los sucesivos planos de visión no se nos presenta de forma directa, sino a través de un filtro natural, por lo que, para contemplarlo, debemos dirigir nuestra visión a los vacíos que deja el arbolado. De esta forma, no se nos concede todo el conocimiento de la escena de golpe y de un único vistazo, sino que, como ocurre en cualquier paisaje natural, vamos descubriendo sus detalles poco a poco.

En todos estos casos estamos hablando de una realidad creada, frente a una posible realidad encontrada. Se trata, como hemos venido comentando, de una construcción en la que el árbol se destaca como elemento compositivo en la definición escenográfica, en la que juegan un papel fundamental los aspectos perceptivos visuales y espaciales. La figura del árbol se emplea como elemento de control visual de la mirada del espectador.

La naturaleza humanizada

De que la del cerezo es la flor nacional de Japón no cabe duda. A lo largo de los siglos, ha servido como símbolo del espíritu japonés como ningún otro y sus referencias en el arte, en la poesía y en la literatura son innumerables (Herrero, 2004, 39-40). El florecer del cerezo es el florecer de la vida. También de la vida humana. Y, al igual que esta, su belleza es efímera. Es lo mutable, lo cambiante, es el reflejo de la vida misma.

> *Así como el tifón sopla estacionalmente, pero con vehemencia inesperada, también el sentimiento, cuando cambia de uno a otro, muestra una intensidad súbita e imprevisible (...) Lo simbolizan las flores del cerezo con un significado profundo muy apropiado. Repentina y apresuradamente se abren sus capullos en una floración muy vistosa, para desparramarse con el mismo apresuramiento con que brotaron y sin obstinarse en permanecer en flor.* (Watsuji, 2006, 171).

En Japón, anterior a la fascinación e identificación con la flor del cerezo, era la flor del ciruelo la que ocupaba un lugar más destacado. Esto es debido a la asimilación de valores procedentes de la cultura china y tiene un fuerte reflejo sobre todo en la poesía, que se convierte en el principal medio de afianzamiento de los valores estéticos (Herrero, 2004, 13), así como en la obra pictórica de aquellos autores especialmente influenciados por la pintura china. El ciruelo florece cuando aún es invierno y representa el carácter heroico, la obstinación y fuerza del que se sobrepone a las adversidades con elegancia. Además de esta visión, los japoneses asimilaron de la cultura china sus manifestaciones artísticas, como las reuniones poéticas para admirar las flores en los jardines, en las que los invitados componían obras inspiradas en ellas (Herrero, 2004, 25-6). Edward S. Morse, en su conocido libro "Japanese homes and their surroundings" se hace eco de este hecho al referirse a una piedra en un jardín de té en Owari, en la que está inscrita la siguiente frase:

> *La visión de los ciruelos en flor provoca que la tinta fluya en la sala de escritura.* (Morse, 1961, 276).

Con la llegada del periodo Heian (794 - 1185), los valores estéticos cambian hacia la apreciación de lo evanescente, de la fragilidad de la belleza y de los cambios cíclicos naturales de apogeo y decaimiento. Cobran importancia valores como *mono-no-aware* (物の哀れ) y *mujokan* (無常感), ambos de

difícil traslación concreta al castellano. *Mono-no-aware* es el "sentimiento profundo de las cosas", la belleza que nos conmueve (Gras, 2015, 114). *Mūjokan* representa la idea budista del sentimiento profundo que provoca la impermanencia de todos los seres y, por tanto, la belleza de lo frágil, de lo que está condenado a desaparecer (Gras, 2015, 117). Ambos términos son complementarios y conducen al entendimiento de la apreciación de las cosas tal y como son. De la belleza del momento de mayor esplendor y de la inevitabilidad de su final. De la emoción y tristeza que nos producen. Esta idea, en la estética japonesa, la representa como ninguna la flor del cerezo.

Los japoneses se reúnen alrededor de los cerezos para contemplar su floración y caída, en lo que se conoce como la festividad del *hanami* (花見)[23]. Los parques y jardines y, especialmente, aquellos lugares famosos por la belleza de sus cerezos, se llenan de gente que coloca telas a la manera de carpas y alfombras, delimitando pequeños espacios bajo los árboles en los que disfrutar de la comida y de la bebida, y que algunos autores entienden como una representación de las cualidades de la arquitectura más propiamente japonesa, por su carácter ligero y temporal, y por permitir y fomentar un contacto directo con la naturaleza (Ito, 1992, 22-3).

Fig. 1.15 - Hanami matsuri en el Parque de Ueno, Tokio. Fot. Autor del libro, 2015.

Los cambios que se producen en la naturaleza en las diferentes estaciones son muy apreciados por los japoneses, y su contemplación es motivo de reunión y festejo. También de apreciación solitaria, como cualidad estética de su mentalidad característica. Hay varios árboles, como el ginkgo, cuyo cambio de color en sus hojas, que se vuelven doradas, representa por sí solo el otoño. Pero ningunas otras lo representan como las del arce japonés, *momiji* (紅葉), que al volverse rojizas cambian por completo la visión del paisaje.

Como vemos, tanto la primavera como el otoño y, por ende, la contraposición entre ambas estaciones, es muy apreciada por los japoneses. Según diversas fuentes, ya desde tiempos antiguos probablemente anteriores al periodo Heian, existía la tradición de plantar en los jardines árboles que florecen al este, como los cerezos, y otros de bellos colores otoñales en el oeste (Takei, 2008, 196), generando así un ciclo de florecimiento y decaimiento estacional vinculado además al ciclo solar.

Según Yoshida Kenkō

> *los árboles que no deberían faltar en ningún jardín son el pino y el cerezo.* (Kenko, 2005, 129-30).

Si el cerezo representa lo cambiante y lo efímero, el pino es la longevidad, lo inmutable, lo eterno. Junto a este, en Japón lo eterno está asociado con el árbol del mandarino, *tachibana* (橘) en japonés. Su fruto, la mandarina, es el fruto de aroma perpetuo, y proviene de Toyo-ko, el país donde tiene origen la vida, una tierra legendaria de origen chino que es una isla en el mar (Rubio, 2008, 159).

Está combinación simbólica de lo efímero y lo eterno se va a manifestar en numerosas ocasiones vinculadas a la arquitectura. En el santuario Tenmangū de Kioto, encontramos, delante del edificio principal, un pino al este y un ciruelo al oeste. En Heian-jingū, el santuario construido a finales del siglo XIX para conmemorar el aniversario del establecimiento de Kioto como capital imperial, se colocan un mandarino al oeste y un cerezo al este, a la manera en que lo hacían en el antiguo Palacio Imperial Heian[24] que le sirve de modelo. De la misma forma, en el patio sur, delante del salón Shishinden del actual Palacio Imperial, encontramos un cerezo al este y un mandarino al oeste, uno a cada lado de la escalera principal que conecta el salón con el patio. Estos árboles se conocen como *sakon no sakura* (左近桜), el

cerezo de la izquierda, y *ukon no tachibana* (右近橘), el mandarino de la derecha, y sabemos por diversas fuentes que en el lugar que actualmente ocupa el cerezo anteriormente había un ciruelo (Takei, 2008, 21).

Esta contraposición simbólica entre lo efímero y lo eterno supone la relación entre los principios contrapuestos del cosmos, el ying y el yang (Takei, 2008, 20), la representación de las fuerzas del universo en un mismo espacio. De forma similar, podemos entender que las figuras de los árboles, situados a cada lado del salón imperial y, por tanto, del Emperador, se asemejan a los reyes Niō-o, las figuras protectoras de feroz apariencia que encontramos en las puertas de muchos templos budistas y que representan los principios de "comienzo" y "final", A-un, respectivamente, reflejados en las expresiones de sus cuerpos y sus rostros (García Gutiérrez, 1993, 236-9). Por tanto, los árboles no sólo tienen funciones simbólicas, sino también protectoras.

Así, atendiendo a estos principios de equilibrio entre las especies vegetales que hemos visto, el jardín se convierte en reflejo y soporte de la existencia humana. Las vidas de árboles y seres humanos quedan entrelazadas.

Fig. 1.16 - Palacio Imperial de Kioto, salón Shishinden y patio sur. Fot. Autor del libro, 2016.

Notas

[1] Según Shigeru Mizuki: "el kodama es el alma de un árbol. No todos los árboles tienen kodama sino que, como es de esperar, esta solo se aloja en determinados árboles especiales. El aspecto externo de estos árboles es el mismo que el de un árbol ordinario de gran tamaño, pero es muy importante saber identificarlos puesto que, si alguien lo tala, la desgracia no solamente caerá sobre él sino sobre todos los pobladores de su aldea. (…) Todavía hoy puede verse la soga sagrada del sintoísmo llamada shimenawa circundando los árboles más longevos y creo que esto es una muestra de que aquellos que creen en el kodama desean proteger estos árboles". (Mizuki, 2017, 370).

[2] Amaterasu tiene gran importancia en la cultura japonesa, ya que se dice que la Familia Imperial desciende en linaje directo de esta deidad, según se recoge en escritos antiguos como el Kojiki y el Nihon shoki. Estos son textos que datan, en ambos casos, del siglo VIII, y se reconocen como los primeros registros de los hechos relacionados con la creación mitológica de Japón y la aparición de las diferentes divinidades, así como con la ascendencia de la Familia Imperial.

[3] Según las fuentes consultadas, este espacio puede tener diferentes denominaciones. Según Kenzo Tange: "Shiki es generalmente el nombre de un área (…) que es cuadrada y cubierta de guijarros. Esta área reservada para las deidades para que la ocupen y se trasladen dentro, y sirve como lugar de ritos". (Tange, 1965, 33). Por su parte, Arata Isozaki se refiere a este espacio de la siguiente manera: "A este espacio se le llama niwa, que hoy en día quiere decir jardín, pero era originalmente un espacio vacío (…) El área vacía – niwa – se purifica al principio y se brinda como un espacio ceremonial en potencia. Así se convierte en el yuniwa (un jardín ceremonial) donde se instala el himorogi". (Isozaki, 2006, 66).

[4] Se entiende por país en ese momento el país de Yamato, ubicado en la zona central de la isla principal del Japón actual.

[5] El espejo, junto con el colgante de cuentas y la espada sagrada son los tres Tesoros Imperiales de Japón. Según el Kojiki, cuando el dios Ninigi, antepasado de la Familia Imperial japonesa, descendió al país de Ashihara para gobernarlo "la diosa Amaterasu 'le ofreció las numerosas cuentas de jade y el espejo utilizados para sacarla de la caverna, y la espada Kusanagi'". (Rubio, 2008, 108-9).

[6] "(…) entonces [Amaterasu] le dijo: 'Toma este espejo como si se tratara de mi augusta alma y venéralo como si me veneraras a mí misma'". (Rubio, 2008, 108-9).

Texto entre corchetes del autor del presente texto. Los nombres "País de las Espigas Frescas" y "País de Ashihara" son denominaciones primitivas de Japón, según se recoge en el Kojiki (Rubio, 2008, 108-9).

[7] Según algunos autores, el *shin no mihashira* se talla tomando como referencia la altura del Emperador (Espuelas, 1999, 77), por lo que, en una lectura más elaborada, podríamos entender que el propio Emperador, representado en el *shin no mihashira*, es el punto de conexión con la divinidad solar en nuestro mundo, lo que se apoya además en el linaje divino de la Familia Imperial que puede rastrearse, según las crónicas antiguas, hasta la propia diosa sol.

[8] Resulta sintomático que, cuando a principios del siglo XX se quiere erigir un santuario para honrar al Emperador Meiji (1852 - 1912), se plante un gran bosque en el corazón de Tokio y sea allí donde se construya dicho santuario. No sólo el bosque en sí repite el patrón del espacio sagrado que hemos comentado, sino que en el centro de dicho bosque, en el claro que conforma la plaza de acceso al santuario, podemos encontrar tres grandes árboles sagrados justo delante del edificio principal del santuario, dando muestra así, una vez más, de su importancia dentro de las creencias del Sintoísmo.

[9] Algunos santuarios carecen de edificios principales y están consagrados a elementos naturales, como un árbol o una montaña. Tal es el caso, por ejemplo, del Santuario Ōmiwa, en la prefectura de Nara, donde se considera que el Monte Miwa es la morada del *Kami*. (Ono, 2008, 37 y 114).

[10] Según la fuente, las referencias a Buda se hacen aludiendo a alguno de los nombres con los que se le conoce: el príncipe Shiddhārtha Gautama, Shakyamuni o Buda son los más habituales y serán los que empleemos a lo largo del texto en función de la fuente empleada.

[11] Esta denominación es muy similar a la del pilar central que encontramos bajo los edificios principales de los Santuarios de Ise. *Shin bashira* en el caso de las pagodas, *shin no mihashira* en el caso de Ise, traduciéndose *shin* como corazón y *hashira* (*bashira*) como pilar.

[12] Kamo no Chōmei es el autor del libro "Hōjōki", conocido en castellano comúnmente como "Pensamientos desde mi cabaña", mientras que Yoshida Kenkō es el autor de "Tsurezuregusa", llamado así por la palabra con que abre el manuscrito, y conocido en castellano como "Ensayos (u ocurrencias) de un ocioso". Ambos son reflexiones personales de sus autores sobre sus realidades cotidianas, en las que cobran especial

relevancia las cabañas en las que decidieron apartarse del mundo. Sus escritos se enmarcan en el género literario que se conoce como *sōan bungaku*, que se podría traducir de forma no literal como "literatura en reclusión", si bien es cierto que el término *sōan* hace alusión, directamente, a una cabaña con el techo de paja. Junto con las obras del poeta Saigyō, son los máximos exponentes de este género.

[13] Los *tatami* son las esteras de paja de arroz trenzada que encontramos cubriendo los suelos de las estancias en la arquitectura japonesa tradicional. Sus medidas se basan en las de un cuerpo humano acostado y son aproximadamente 0,90 x 1,80m. Servía además de módulo para designar el tamaño de las estancias así como para el propio diseño de las mismas.

[14] La estancia de cuatro *tatami* y medio se conoce como *hōjō* (方丈), término que está presente en el título en japonés del libro de Kamo no Chōmei y que alude, precisamente, al tamaño de su cabaña. Este término designa también, y no por casualidad, a la estancia principal del abad de un monasterio zen y alude al célebre Sūtra de Vimalakīrti, en Japón conocido como Yumeikyō, un texto singular dentro de la literatura del budismo Mahāyāna, del que el zen es una de sus escuelas más renombradas (Cornu, 2004, 580).

[15] El término *wabi*, "puede definirse como el goce sereno que se esconde profundo en un estilo de vida pobre", según D. T. Suzuki (citado en Gras, 2015, 120-1).

[16] El *tokonoma* es un nicho rehundido que puede albergar arreglos florales, pinturas u otras decoraciones, y se considera el lugar más importante de una estancia (Yoshida, 1955, 88-100).

[17] Esta forma de hacer partícipe a un elemento a priori ajeno a la composición visual de la escena es propia de la arquitectura japonesa y, sobre todo, del diseño del jardín, en el que este mecanismo se conoce como *shakkei* (Nitschke, 1993, 180-1), o paisaje prestado, con el que se consigue construir una visión que va más allá del propio límite físico del espacio diseñado.

[18] Esta característica ha sido ampliamente estudiada y está presente en numerosos autores. Citaremos aquí únicamente dos escritos como muestra: (Yoshida, 1955, 72 y 168) y (Watsuji, 2006, 201).

[19] De entre estos destaca, por su fastuosidad, el castillo de Azuchi – Momoyama, del que tomará su nombre el período histórico en que se enmarca su construcción. Fue levantado por Oda Nobunaga (1534 - 1582), uno de los caudillos militares más

importantes de la historia de Japón, y destruido tras la muerte de éste, por lo que apenas se conserva resto alguno, salvo algunas pocas pinturas (La Plante, 1992, 238).

[20] Los *shōgun* eran caudillos que establecían gobiernos militares y se convertían de facto en administradores políticos del país. (Sierra, 2006, 114-5).

[21] Podríamos citar, entre otros, varios biombos, como los que decoran el templo Jukō-in de Kioto y los que compoenen "el ciprés", todos de Kanō Eitoku (s. XVI), los que se custodian en el templo Chishaku-in de Kioto y los "shōrinzu", todos ellos de Hasegawa Tōhaku (s.XVI), los biombos "flores de ciruelo blancas y rojas" de Ōgata Kōrin (s. XVII), o los "pinos en la nieve" de Maruyama Ōkyo (s.XVIII), etc. Además, hay muchas otras obras de estas características que son consideradas Propiedades Culturales Importantes, una categoría de protección y reconocimiento algo inferior a la de Tesoros Nacionales.

[22] "Al decir pino, un japonés imagina ondulaciones y ramas inclinadas; pero los pinos europeos nos dan la impresión de artificiales por su simetría. Se puede decir lo mismo de los cipreses de forma alargada y vertical. (…) La forma simétrica de unos árboles pintados como telón de fondo en un cuadro renacentista italiano es algo natural en Italia y da la impresión de racionalidad; por el contrario, los árboles retorcidos de los cuadros de la época Momoyama son naturales en Japón y expresan a su modo una unidad irracional". (Watsuji, 2006, 102).

[23] Aunque *hanami* es, literalmente, mirar o contemplar flores, sin especificar qué variedad, comúnmente hace referencia a la flor del cerezo. Hay celebraciones específicas que se relacionan con la contemplación de otras flores, como es el *baikaisai*, la fiesta de los ciruelos en flor, que se celebra en lugares que tienen especial relación con este árbol, como el santuario Tenman-gū de Dazaifu, cerca de Fukuoka.

[24] Heian-kyō es el antiguo nombre de la ciudad de Kioto, y del periodo histórico comprendido entre los años 794 y 1185, que comienza con el traslado de la capital imperial a dicha ciudad.

Esta arquitectura es como un árbol solitario. Aunque se yergue aislada por encima del paisaje circundante, entre el tejido urbano, está en armonía con su entorno, igual que un árbol gigante cumple diferentes propósitos en el bosque. Kiyonori Kikutake (Kikutake, 1999, 69).

La torre árbol
La ciudad como nueva naturaleza

La función de la torre como elemento representativo dentro del panorama urbano no es algo nuevo ni exclusivo de la época moderna o contemporánea, sin embargo, podemos decir que la construcción de la imagen de la ciudad a partir de grandes proyectos de conjuntos de torres sí que será característica de determinados momentos de la modernidad, fundamentalmente a lo largo del siglo XX. El diseño de la torre como objeto arquitectónico tendrá entonces dos enfoques principales, buscando aprovechar sus cualidades intrínsecas para conseguir un mayor impacto formal y compositivo. El primero es el del proyecto como ejercicio de estilo, basado en la elaboración de una forma sencilla y más o menos depurada en la que destaca la resolución de determinados detalles en favor de la asociación a unos ideales arquitectónicos. El segundo plantea la forma como alusión, primando la idea de conjunto o imagen global por encima de los detalles. Como ejemplos que nos ayuden a clarificar esta diferenciación podríamos tomar dos conocidas propuestas presentadas al concurso para la sede del Chicago Tribune de 1922, siendo la propuesta de Adolf Meyer y Walter Gropius representativa del primer enfoque, mientras que la propuesta de Adolf Loos lo sería del segundo. En el presente estudio nos centraremos en este segundo planteamiento, recurriendo la imagen del edificio a una alusión muy concreta, la que equipara la forma de la torre a la de un árbol.

Un proyecto que formalmente se aproxima al primer planteamiento, aunque establece alusiones que podríamos englobar en el segundo, es la propuesta de rascacielos para Argel (1938) de Le Corbusier. En él, propondrá una suerte de torre "biológica"[1], la cual, como refleja en algunos de sus dibujos, equiparará a la figura de un árbol (Boesiger, 1991, 176). El edificio tiene forma prismática, con una planta aproximadamente romboidal en cuyo centro se ubican varios núcleos de escaleras y ascensores, conformando un "tronco" central organizativo por el que se produce el movimiento de los usuarios. Al exterior, las fachadas se resuelven mediante grandes paños de vidrio protegidos por *brise-soleil* en diversas modulaciones, lo que da lugar a un cierto dinamismo. Sin embargo, la forma exterior no refleja una asociación directa con la figura del árbol, sino que se trata más bien de una relación funcional u organizativa idealizada de los diversos elementos formales. William Curtis señala como "Le Corbusier comparaba la jerarquía del núcleo, forjado estructural, celosías y lamas más pequeñas a la de un árbol, con tronco, ramas, tallos y hojas", aclarando que, así, "vuelve a los días de la Chaux-de-Fonds en busca de una analogía orgánica" (Curtis, 1987, 127).

Otro autor que trabajó en varias ocasiones sobre esta referencia fue Frank Lloyd Wright, planteando la idea de torre árbol en sus propuestas para las Torres San Marcos de Nueva York (1929), que no llegaron a construirse; la torre de investigación del Complejo para la Johnson Wax en Racine, Wisconsin (1950); o la Torre Price en Bartlesville, Oklahoma (1952), que retoma en cierto sentido el proyecto de las Torres San Marcos.

Podemos entender que la resolución conceptual de estos proyectos es similar en los tres casos, en los que la torre se compone de un núcleo central estructural y organizativo del que cuelgan en voladizo los forjados de las diversas plantas. En sección, se van intercalando forjados completos, que llegan hasta la fachada del edificio, con otros más cortos que se retranquean respecto del perímetro, generando así espacios a doble altura entre las plantas. Se enfatiza además la presencia del núcleo central en la imagen exterior, haciéndolo más o menos perceptible tanto en el arranque como en la coronación del edificio. A diferencia del proyecto anterior de Le Corbusier, podemos entender que en estos casos la asociación con el árbol se traslada de una manera más clara a la resolución formal del edificio.

Sin embargo, podemos señalar como el elemento central tiene una resolución concreta diferente en las Torres San Marcos-Price y en la torre de la Johnson Wax. En el primer caso, el elemento estructural está conformado por cuatro

grandes costillas que recogen en unos ensanchamientos elementos de servicio como conductos y ascensores, pero sin llegar a ocupar el centro de la planta, en el que se sitúan unas habitaciones de servicio de las viviendas[2]. Podemos decir así que el centro se encuentra vacío de contenido "simbólico", dado que no se ubican en este punto ni elementos estructurales ni funcionales del conjunto del edificio. En el caso de la torre de la Johnson Wax, el centro sí está ocupado por una estructura hueca de base cilíndrica a la que se adosan elementos funcionales como escaleras, ascensores y conductos. Aquí, la asociación con la figura del árbol es aún más clara, ya que este elemento central cumple un cometido estructural y recoge los flujos de movimiento que se dan en el edificio, tanto de personas como de instalaciones necesarias para el uso de los laboratorios, funciones ambas asociadas al tronco del árbol (Lipman, 1986, 128).

Son varios los autores que han señalado el paralelismo entre el complejo de edificios para la compañía Johnson Wax proyectado por Wright y el del Templo Hōryū-ji de Nara[3]. En concreto, se ha establecido un paralelismo claro entre los planteamientos formales de la torre de investigación de Wright con los de la pagoda de dicho templo. Como hemos visto, la pagoda japonesa tiene una clara relación simbólica con la figura del árbol, por lo que la relación con la torre de la Johnson Wax dota a esta de un nuevo punto de paralelismo con la figura del árbol, si bien no necesariamente intencionado por parte de Wright.

Fig. 2.1 - Pagoda del Templo Hōryū-ji, Ikaruga, Nara. Fot. Autor del libro, 2016.

La torre árbol Metabolista. Metáfora formal y biológica

En el Japón de finales de los años 50 y, sobre todo, de los años 60, los grandes proyectos urbanos serán los que gozarán de mayor atención y desarrollo por parte de los que se considera habitualmente como los arquitectos de vanguardia (Capitel, 2010, 41-4). La ciudad como campo ideal en el que desarrollar los planteamientos arquitectónicos se convertirá en un tema recurrente y se crearán numerosos grupos de investigación sobre las posibilidades y necesidades de los nuevos desarrollos urbanos. Entre estos destacarán el "Grupo de investigación en el diseño de la ciudad", fundado por Kenzo Tange y compuesto por trece miembros que incluían al historiador Teiji Itoh y al arquitecto Arata Isozaki, y que fue formado en base a las inquietudes despertadas a partir de la participación de Tange en el CIAM de Otterlo de 1959 (Oshima, 2009, 14), y el Grupo Metabolista, compuesto por colaboradores del propio Tange y por otros arquitectos, diseñadores y teóricos de la arquitectura también afines al él. Este grupo presentó su manifiesto arquitectónico con gran repercusión en el Congreso de la WodeCo - World Design Conference - celebrado en Tokio en 1960.

La ciudad propuesta por Tange, Isozaki y los Metabolistas[4] se inspirará en los proyectos urbanos de Le Corbusier de los años 20 (2G, 2011, 278), como la "Ciudad para tres millones de habitantes" o el "Plan Voisin", filtradas sus ideas a través de las nuevas preocupaciones urbanas desarrollados por los arquitectos del Team X. Así, las propuestas de ciudad Metabolistas se resolverán mediante potentes formas que dotarán al conjunto de una imagen claramente definida, pero sin la rigidez organizativa y el marcado carácter geométrico de los planteamientos corbuserianos. Aún así, en algunos proyectos de Tange, es claramente visible la influencia de los sistemas de ejes y centralidades característicos de las propuestas del maestro suizo.

En la estela de los nuevos planteamientos urbanos defendidos por el Team X, en los que tratan de superar las ideas desarrolladas por sus antecesores, los arquitectos Metabolistas incorporarán en sus diseños el mecanismo del crecimiento orgánico como seña de identidad, sirviendo incluso como justificación de la denominación del propio grupo. En las propuestas Metabolistas, dicho mecanismo se concreta en soluciones arquitectónicas compuestas por elementos fijos y otros cambiantes. Según Arata Isozaki, la imagen del árbol será fundamental a la hora de establecer la estructura base Metabolista, con el tronco como elemento fijo y las ramas y hojas como elementos cambiantes (Isozaki, 2006, 63).

Fig. 2.2 - Dibujo de un grupo de árboles como concepto del proyecto de las Ciudades en el Aire en Tokio. Arata Isozaki, 1960-62.

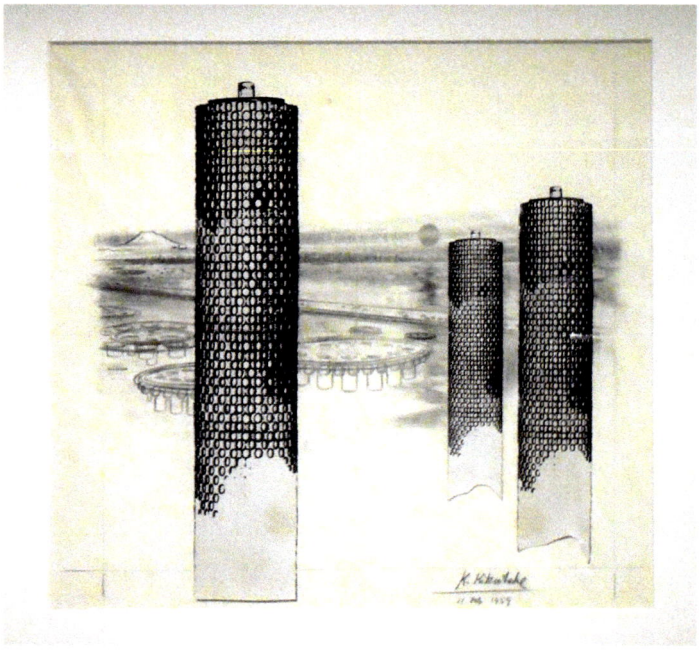

Una variación de la idea anterior, más cercana a las soluciones trabajadas por Wright, comprenderá proyectos en los que aparece un tronco central estructural y funcional del que cuelgan otros elementos en voladizo, como ramificaciones, pero sin necesidad de que estos sean intercambiables, habiendo adquirido el edificio una cualidad formal fija. A diferencia de las propuestas de Wright, estos elementos en voladizo serán habitualmente de carácter direccional, es decir, con una cierta linealidad, y apoyados de forma más puntual en el tronco, frente a las soluciones del maestro americano en las que los forjados rodean por completo al tronco central.

Quizá el proyecto que sirve más claramente como punto de partida de estos planteamientos sea el de la "Tower-shaped community" (1958) de Kiyonori Kikutake, uno de los principales representantes del movimiento Metabolista. Se trata de una serie de grandes cilindros de hormigón que se empotran en el suelo y por cuyo interior hueco discurren los elementos de servicio del edificio, mientras que de su carcasa y hacia el exterior cuelgan una serie de elementos cápsula que serán sustituidos por otros semejantes una vez que hayan cumplido su ciclo de vida estimado. El gran

Fig. 2.3 - Dibujo original de Kiyonori Kikutake de la Tower-shaped community (1959). Imagen de conjunto que aparecerá recogida en el Manifiesto Metabolista. Exposición "Japan-ness", Museo Pompidou de Metz. Fot. Autor del libro, 2017.

Fig. 2.4 - Maqueta del cilindro base de la Tower Shaped Community. Exposición "Struggling cities: from Japanese Urban Projects in the 1960s", Escuela Superior de Ingeniería y Diseño Industrial de la Universidad Politécnica de Madrid. Fot. Autor del libro, 2020.

cilindro de hormigón que actúa como tronco contenedor de funciones se asemeja indudablemente al núcleo central de la torre de investigación para la Johnson Wax de Wright, pero también podemos apreciar el paralelismo con la pieza que contiene la escalera en la Galería de Arte de Yale de Louis Kahn, terminada tan solo cuatro años antes que el proyecto de Kikutake, incorporando además la diferenciación formal entre elementos servidores y servidos planteada por Kahn. Otra idea recurrente en numerosos proyectos de la época que recogerá la propuesta de Kikutake es la del agigantamiento de la estructura, que cobra de esta forma un papel protagonista en la concepción e imagen del edificio. Un ejemplo en el que se aprecia claramente esta idea es el Museo de Arte de Sao Paulo de Lina Bo Bardi, completado el mismo año que el proyecto de Kikutake.

Estas ideas enlazan con el interés por la preeminencia de la forma en el proyecto arquitectónico como una de las búsquedas compositivas que se manifestará hacia mediados de los años 50 en la figura de Kenzo Tange, quien comenzará a desligarse de los ideales planteados por los CIAM, en cuyos congresos había participado a lo largo de esa década. En su caso, serán los conceptos de "símbolo" y "estructura" los que progresivamente sustituirán en sus búsquedas arquitectónicas a la idea de "función", que adquirirá una importancia secundaria (Stewart, 1987, 175). Será precisamente en el distanciamiento respecto de los planteamientos funcionalistas en favor del formalismo que se buscará dotar al edificio de esa cualidad simbólica defendida por Tange. En palabras de Arata Isozaki:

> (...) es posible establecer nuevos significados por medio de la manipulación de las formas. La forma da origen al significado.
> (Drew, 1983, 39).

Los elementos presentes en el proyecto de Kikutake, el gran cilindro de hormigón estructural y funcional y los elementos cápsula, tendrán un amplio calado en autores como Arata Isozaki, que desarrollará su propio sistema basado en ellos, el "Joint Core System" (1960-1961). Este sistema lo empleará en diversos proyectos de estos años, como el "Incubation process" (1960), en el que el cilindro de hormigón sirve de apoyo para estructuras en celosía que contienen el programa de los edificios. Estos cilindros se distribuyen por una ciudad en ruinas compuesta por grandes columnas dóricas a las que los cilindros se equiparan y con las que se entremezclan, mientras que a nivel de suelo se distribuyen vías de circulación y zonas vacías para los peatones, que no pueden considerarse calles como tal, en

una suerte de paisaje arquitectónico que se desmorona. Otro proyecto en el que empleará el cilindro de hormigón como base será el concurso para la Torre Peugeot en Buenos Aires (1961), en el que los cilindros ocupan las esquinas del volumen y sirven de punto de unión de forjados y elementos de fachada, en este caso en un desarrollo limitado a un único edificio. Estos elementos cilíndricos estarán también presentes en el repertorio formal de Kenzo Tange, en obras como el Centro de prensa y comunicaciones de Yamanashi (1966), en el que la influencia de Isozaki, por entonces colaborador de Tange, y de los proyectos de "piedras huecas" de Kahn se hace patente. Varios autores reconocen las influencias mutuas entre Tange, Isozaki y los miembros del movimiento Metabolista, y son innegables los paralelismos de sus repertorios formales de esos años (Stewart, 1987, 219; Drew, 1983, 19).

En el manifiesto Metabolista, entre proyectos más difundidos como el de la Tower-shaped Community de Kikutake y su versión adaptada al medio marino, la Marine City, podemos encontrar otros menos conocidos en los que las figuras del árbol y otras plantas tienen una mayor relevancia. En la "Bamboo Type Community", de Kisho Kurokawa, se asocia la forma de

Fig. 2.5 - Maqueta del Centro de prensa y comunicaciones de Yamanashi (1966) de Kenzo Tange. Exposición "Japan-ness", Museo Pompidou de Metz. Fot. Autor del libro, 2017.

esta planta a un modelo de edificio prácticamente igual a los planteados por Kikutake en su Tower-shaped Community. Mientras que en la "Plant Type Community", el mismo Kurokawa plantea un proyecto algo más ambicioso. Se trata nuevamente de una especie de torre cuyo elemento central es un enorme cilindro hueco. En este, y a diferentes alturas, se apoyan plataformas en voladizo de grandes dimensiones que van decreciendo en tamaño conforme aumenta la altura, y que acogen las diversas funciones del edificio. La metáfora vegetal está aún más desarrollada en este caso, ya que los espacios productivos se ubican bajo tierra en la gran cimentación del edificio, asociándose dichos procesos a los de las raíces que toman los nutrientes de la tierra, mientras que los espacios vivideros se ubican en la parte que se desarrolla a partir de la cota cero, especialmente en las plataformas superiores que se equiparan a las ramas y hojas que reciben la luz imprescindible para la vida. Otro rasgo llamativo de este proyecto es el tipo de sección que genera la disposición de las plataformas, ya que al ser decreciente, lo que permite un correcto soleamiento de todas las áreas, se genera una forma triangular que será característica de muchos proyectos residenciales de gran escala de autores como Tange, en sus proyectos para la Bahía de Boston o del Plan de Tokio, o Kikutake, que empleará este tipo de sección triangular en numerosas ocasiones.

Fig. 2.6 - Maqueta de una de las propuestas de la Marine City (1963) de Kiyonori Kikutake. Exposición "Japan-ness", Museo Pompidou de Metz. Fot. Autor del libro, 2017.

Estos proyectos de Kurokawa ocupan una página cada uno del manifiesto, y aparecen definidos apenas mediante una planta, una sección y un pequeño dibujo-diagrama que los asocia con el elemento vegetal, sin presentar una imagen clara del conjunto formado por la repetición de estas construcciones, ya que suponemos que este es el planteamiento de Kurokawa según la línea del resto de soluciones planteadas. De forma similar, el resto de proyectos mencionados, como la Tower-shaped Community, y otros que aún no hemos visto, como las diferentes versiones de las Ciudades en el Aire de Arata Isozaki, se definirán escasamente mediante alguna planta o sección y, principalmente, mediante dibujos, fotomontajes e imágenes de maqueta del conjunto. Como destaca David B. Stewart, la imaginería megaestructural domina estas propuestas, por encima de los planteamientos teóricos (Stewart, 1987, 181). Este hecho se aprecia en la forma de representación de los proyectos a la que nos hemos referido, en la que prima la proposición de nuevos sistemas organizativos frente a una resolución detallada de los sistemas arquitectónicos, por lo que se presta una menor atención a la definición de los elementos móviles e, incluso, de los elementos de circulación y funcionales de los edificios. Se trata por tanto de proponer una nueva imagen para la ciudad construida a partir de la repetición de objetos arquitectónicos cuyas formas presentan alusiones orgánicas. Se busca crear así una "nueva naturaleza" (Isozaki, 2006, 104), cuyo funcionamiento se confiará "al diseño y a la tecnología" (Koolhaas, 2011, 206), en palabras del teórico y miembro del Grupo Metabolista Noboru Kawazoe.

La escala de la ciudad se convierte así en la nueva escala de la arquitectura, y es a través de esta que se construye aquella. Es decir, la ciudad se convierte en un elemento más de composición e imagen arquitectónicas y, finalmente, son los principios de esta los que prevalecen en las propuestas Metabolistas[6].

Diversos autores señalan la independencia que se puede apreciar entre los planteamientos Metabolistas y la realidad urbana en la que se asientan[7]. En algunas de las propuestas más radicales en este sentido se llevará esta independencia aún más lejos, evadiéndose completamente de cualquier contexto urbano existente. En los casos más extremos, esto llevará a situar los proyectos en terrenos sin restricciones urbanas de ningún tipo, como el mar o zonas rurales apenas edificadas, como podemos ver en las propuestas de Kikutake o Kurokawa. Otra interpretación de la ausencia de contexto urbano será la de ciudad como ruina, que planteará Arata Isozaki[8], con propuestas como la de la Ciudad en Ruinas, que presentará en la Trienal de Milán de 1968, y para la que empleará fotomontajes realizados sobre imágenes de la devastación provocada en las grandes ciudades japonesas durante la II Guerra Mundial.

La actitud de estos autores no será muy diferente, sin embargo, cuando trabajan sobre entornos urbanos existentes. La ciudad de Tokio fue el principal protagonista de sus reflexiones urbanas, y su carácter cambiante y difícilmente controlable a nivel urbanístico hizo que desistieran de tratar de ordenarla, imponiendo sus propuestas sin la menor intención de diálogo sobre el tapiz urbano. Esto se aprecia claramente en los fotomontajes y dibujos de la Tower-shaped Community de Kikutake y sus posteriores desarrollos, como la propuesta para Ikebukuro (1962), en los que se evita deliberadamente la representación del encuentro del edificio con el suelo o se interponen grandes plataformas cuyo contorno no responde a la trama urbana, sino que se superpone a ella.

Incluso en proyectos como el "Tetra Project" (1963) de Arata Isozaki, que se plantea como una forma de conservar la "Ciudad de ladrillo rojo" de Marunouchi, el barrio construido a principios del siglo XX como uno de los primeros desarrollos urbanos realizados en lenguaje occidental (Koolhaas, 2011, 41), la propuesta se acaba imponiendo sobre la trama existente. Aunque el proyecto se plantea como un desarrollo en vertical por encima de las edificaciones de ladrillo, sin llegar a tocarlas, la relación entre los volúmenes de oficinas se ve condicionada por la forma tetraédrica elegida, lo que finalmente motiva la rígida disposición de los grandes soportes de base rectangular en los que se apoyan los tetraedros. Esto hace que dicha disposición termine por ser ajena a la distribución de las edificaciones inferiores, por lo que los soportes las atraviesan en numerosos puntos.

El proyecto para Marunouchi, con su gran contundencia formal, supuso una nueva variación, basada en una disposición más rígida, de una línea de proyectos de la que Isozaki realizó diferentes versiones entre 1960 y 1964, y que, a nuestro juicio, es en los que mejor se plasma el ideal de torre árbol compuesta por un núcleo central de hormigón y elementos secundarios que cuelgan de este, las Ciudades en el Aire o Clúster en el Aire. En áreas como Shibuya, Shizuoka o Shinjuku, todos barrios de Tokio, Isozaki colocará estos conjuntos de torres de tal manera que, según el autor, ocupen con su tronco central espacios vacíos de la ciudad (Koolhaas, 2011, 51). Sin embargo, si nos fijamos detenidamente en la relación entre las torres y en

su disposición, vemos que esta responde a intervalos establecidos por la propia solución formal. En esta, del núcleo central cuelgan ramas estructurales en diversos niveles y con diversas profundidades, agrupándose en zonas. En algunas de las torres se duplican estas zonas de agrupación de ramas a un nivel intermedio y otro próximo a la coronación del soporte. Las ramas cumplen la doble función de soporte estructural del que cuelgan viviendas cápsula individuales separados entre sí y de corredores que permiten la circulación horizontal hasta las viviendas, estableciéndose una comunicación entre las ramas más largas de torres contiguas. Estos ramajes siempre se disponen alrededor del tronco en tres o cuatro brazos, es decir, a 120° o 90° entre sí, lo que define unas condiciones geométricas que son las que, junto con la propia longitud máxima que alcanzan los ramajes más largos, establecen la separación entre los núcleos centrales. Esto supone escasas variaciones en las posibilidades de separación entre los centros, por lo que es improbable que, como afirma Isozaki, se tenga en cuenta la disponibilidad de espacios vacíos existentes en la ciudad. Sin embargo, sí que tendría sentido si se entendiera la ciudad como un gran vacío areferencial, en la línea del entendimiento de la ciudad como ruina planteado por Isozaki en otros modelos de ciudad que ya hemos visto.

Fig. 2.7 - Maqueta de una de las versiones de los proyectos de las Ciudades en el Aire en Tokio de Arata Isozaki. Exposición "Struggling cities: from Japanese Urban Projects in the 1960s", Escuela Superior de Ingeniería y Diseño Industrial de la Universidad Politécnica de Madrid. Fot. Autor del libro, 2020.

Este desentendimiento de las condiciones del tejido urbano en el que se asientan las propuestas se enfatiza más si cabe en el sentido vertical, dado el alejamiento autoimpuesto de las ramas más bajas respecto de la cota 0, reflejando el desencanto de Isozaki hacia la realidad urbana del momento, según recoge en sus comentarios del año 1962:

> *No hay esperanza para Tokio. No voy a tener más en consideración la arquitectura que está por debajo de los 30 m de altura...Dejo todo lo que está por debajo de los 30 m a otros. Si piensan que pueden resolver el desorden de esta ciudad que lo intenten.* (Koolhaas, 2011, 40).

Este límite al que se refiere Isozaki no es en absoluto gratuito, y cuantifica esa necesidad de separación con cualquier otra arquitectura posible de la ciudad, ya que por motivos de resistencia antisísmica existía una limitación de altura precisamente de 30 metros para todas las edificaciones que se mantuvo hasta 1968[9]. De esta forma, las propuestas de Isozaki, desarrolladas con anterioridad a esa fecha, no se habrían visto interrumpidas ni habrían tenido que dialogar con edificación alguna, salvo con las propuestas de sus coetáneos Metabolistas, de haberse construido alguna de ellas.

En el sencillo cilindro de hormigón que actúa como elemento definidor del Joint Core System, y que servirá después como base de los proyectos de Ciudades en el Aire, Isozaki recoge múltiples referencias formales que van más allá de las más cercanas como son las propuestas de Kikutake, cuya influencia es indudable. Isozaki incorpora alusiones a objetos propios de la tradición japonesa, en una autorreferencialidad arquitectónica tantas veces defendida por él[10]. Esta mirada hacia la propia tradición y sus lenguajes

Fig. 2.8 - Foto original de maqueta del proyecto de las Ciudades en el Aire en Tokio. Exposición "Japan-ness", Museo Pompidou de Metz. Fot. Autor del libro, 2017.

arquitectónicos es una característica que podemos encontrar también en algunas de las obras de Kenzo Tange, como el edificio para la Sede del Gobierno de Kanagawa en Takamatsu (1958), proyecto en la que participó el propio Isozaki, por aquél entonces colaborador de Tange. Esta alusión a la tradición se aprecia claramente en el bloque administrativo. De planta cuadrada y mayor altura, parece trasladar a un lenguaje de hormigón armado una imagen característica de algunas construcciones tradicionales de madera, lo que se hace especialmente visible en la resolución formal de las fachadas (Capitel, 2010, 28-31). Destaca además el gran núcleo de comunicaciones central, que sobresale por encima del resto del edificio, mostrando así indicios de una independencia compositiva que será característica en los posteriores proyectos de los Metabolistas y que, además, plantea ciertas semejanzas con algunas soluciones presentes en la obra de Wright a las que ya nos hemos referido.

En el caso del cilindro de hormigón empleado por Isozaki, la referencia más directa la encontramos en el "Pilar del cielo" propio de la mitología sintoísta y cuyo desarrollo se manifiesta en un pilar central de gran importancia simbólica en diversas configuraciones propias de la arquitectura tradicional japonesa, solo que en las obras de Isozaki se ve agrandado y ahuecado para poder recoger funciones en su interior[11]. Además de este arquetipo, en las propuestas de las Ciudades en el Aire, Isozaki reproduce la imagen de otro elemento mucho más concreto de la arquitectura tradicional: los grandes pilares coronados por ménsulas y vigas de la Gran Puerta Nandaimon del templo Tōdai-ji de Nara. Esta construcción, levantada por el monje Chōgen (1121 - 1206) en el siglo XII (Isozaki, 2006, 180), ha sido elogiada por el propio Isozaki como una de las representaciones más importantes de la arquitectura japonesa tradicional, por lo que no es de extrañar su presencia en su repertorio formal (Isozaki, 2006, 239-41).

Otro aspecto que hay que destacar en los proyectos de las Ciudades en el Aire es el de la relación entre las torres árbol, es decir, su disposición en el conjunto. Ya hemos comentado como la separación y organización de elementos responde en cierta medida a condiciones geométricas establecidas por la propia solución formal del objeto torre individual, y como éste condiciona el conjunto. Sin embargo, el repertorio de soluciones concretas en relación a la configuración final del conjunto es mucho más amplio de lo que cabría esperar, y no está condicionado por aspectos funcionales o, incluso, estructurales, sino que podemos entender que prima una cierta visión o imagen global.

Fig. 2.9 - Maqueta de una de las torres de las Ciudades en el Aire en Tokio. Exposición "Struggling cities: from Japanese Urban Projects in the 1960s", Escuela Superior de Ingeniería y Diseño Industrial de la Universidad Politécnica de Madrid. Fot. Autor del libro, 2020.

Fig. 2.10 - Detalle de las vigas y ménsulas de la estructura de la Gran Puerta Nandaimon del Templo Tōdai-ji, Nara. Fot. Autor del libro, 2015.

Es necesario aludir a ese respecto a la influencia que tuvieron en estas propuestas de Isozaki los planteamientos esbozados en el proyecto del concurso para el barrio de Haupstadt en Berlín de Alison y Peter Smithson con Peter Sigmond de 1958. En ella, situaban una suerte de edificios-torre prismáticos distribuidos de una forma aparentemente libre por el área de actuación, que se conectaban a un tejido irregular y continuo de edificios horizontales de varios niveles (Oshima, 2009, 13). Frente a esta propuesta, en el caso de Isozaki son los elementos verticales a los que se da una mayor importancia compositiva, con un mínimo desarrollo de edificaciones horizontales de carácter mucho más puntual y apenas conectados entre sí, manteniendo en los elementos torre, eso sí, una cierta libertad organizativa ya presente en el proyecto para Berlín. Sin embargo, esta libertad de disposición no es completamente aleatoria, sino que tiene que ver con la visión global del conjunto y la relación entre las partes y el todo a las que nos hemos referido, y en la que entra en juego el concepto tradicional de *fuseki*. Según describe el propio Isozaki:

> *(...) la palabra japonesa para la operación de ubicación sintáctica es fuseki, un término empleado en el Sakuteiki, un antiguo tratado sobre jardinería, para explicar cómo una piedra del jardín sobre la que se pisa debe estar colocada de tal manera que refleje la colocación de la siguiente.* (Oshima, 2009, 75).

Él mismo aclara la importancia proyectual de esta idea y nos permite apreciar una posible interpolación de la misma en los proyectos de Ciudades en el Aire, ya que se trata de conjuntos formados por la repetición de elementos semejantes:

> *Colocar piedras de un recorrido significa establecer un intervalo - Ma (間) en japonés. Un intervalo no es realmente un espacio sino una distancia abstracta y conceptualizada creada por la presencia de objetos - rocas, árboles, pilares, edificios, etc.* (Oshima, 2009, 75).

La importancia de la aludida imagen de conjunto, basada en la creación de estos intervalos conceptuales, se hace especialmente patente en la propia documentación con la que se presentan habitualmente estos proyectos. Las planimetrías son bastante reducidas, con una definición escueta de las viviendas y en las que ni siquiera se recoge la resolución de elementos fundamentales como los núcleos de comunicación, mientras que se emplean con profusión determinados croquis y, especialmente, maquetas de conjunto. En ambos casos prima la representatividad simbólica de la forma final, en la que los edificios son tratados como objetos más o menos intercambiables y en la que se presta un menor interés en la definición de un elemento arquitectónico con una funcionalidad concreta.

En fechas algo posteriores a las de estas propuestas surge de la mano de Kiyonori Kikutake un modelo ligeramente diferente y algo más complejo de torre árbol[12]. En su proyecto "Tree-shaped Community" (1968), el esquema de los edificios parte, a priori, de planteamientos similares a los que hemos visto hasta ahora, con un núcleo de comunicaciones central e independiente cuya presencia se enfatiza al exterior dada su mayor altura respecto del resto del edificio. De éste cuelgan las ramificaciones horizontales que contienen el programa residencial, que se agrupa en conjuntos de cinco plantas en las que las zonas de viviendas se distribuyen siguiendo un patrón escalonado, siendo este tipo de distribución característico de algunos de los grandes edificios residenciales planteados por Kenzo Tange, como el proyecto para la Bahía de Boston o los edificios de viviendas del Plan de Tokio, e incluso, de otros proyectos del propio Kikutake. En el proyecto que nos ocupa, las agrupaciones de viviendas se distribuyen a los cuatro lados del núcleo central, frente a los proyectos anteriormente mencionados en los que se daban en una solución de bloque longitudinal, generando de esta manera una forma atractiva que da lugar a una cierta imagen de árbol tridimensional similar de algún modo a las planteadas por Isozaki. La sección escalonada genera además un vacío central próximo al núcleo de comunicaciones que será ocupado por una zona de parque, de tal manera que se introduce una solución que da cuenta de una cierta preocupación por establecer un entorno vividero agradable al incorporar un espacio natural común dentro del esquema de la torre árbol, algo que no habíamos visto hasta el momento. El propio Kikutake describe el conjunto de la siguiente forma:

Estas viviendas semejantes a árboles son bellas por sí mismas, no obstante... varias decenas de torres colocadas juntas tendrán el aspecto de bosques y su apariencia estará en armonía con la naturaleza. (Koolhaas, 2011, 368).

De estas palabras puede extraerse la importancia, semejante a lo que veíamos en los proyectos de Isozaki, no sólo de la resolución del edificio como objeto arquitectónico, sino de la configuración de un conjunto que dé lugar a esa imagen de ciudad como nueva naturaleza defendida por Kawazoe.

En los proyectos tratados hemos hecho hincapié en la relevancia de la idea de conjunto como organismo, presente en la arquitectura Metabolista. Podemos pensar que es paradójico que los únicos edificios construidos que se consideran habitualmente como verdaderos representantes de este movimiento sean edificios aislados. Esto nos sirve para ser conscientes de la dificultad de desarrollar actuaciones unitarias basadas en la repetición de edificios individuales con formas simbólicas en un entorno urbano tan complejo como la ciudad de Tokio[13]. Los tres ejemplos construidos son acercamientos de carácter realista a las ideas de torre árbol que hemos venido exponiendo, dando cada uno de ellos un mayor protagonismo a unos u otros elementos definidores del modelo[14]. Aludir a estas obras nos permitirá comprobar su aplicabilidad a este contexto urbano, así como la posible materialización concreta de estos ideales.

En el Centro de Prensa y Comunicación de Shizuoka (1967), Kenzo Tange desarrolla el proyecto a partir de un gran elemento cilíndrico que cumple funciones estructurales y contiene elementos de circulación. El edificio ocupa una pequeña parcela de anchura decreciente, con tres de sus lados libres y el cuarto medianero. En este punto, Tange levanta un grueso cerramiento que contiene cierto programa de servicios en las plantas inferiores, actuando como elemento estructural en todo su desarrollo y complementando al cilindro en esa zona. Buena parte de las áreas de oficinas se ubican pegadas a esta medianera, mientras que el resto, de menor dimensión, se apoyan en voladizo en el cilindro central, agrupándose en zonas puntuales alrededor del núcleo en dos áreas de tres plantas y una de dos de menor tamaño. Estas zonas son las que actúan verdaderamente como ramificaciones del tronco, mientras que la zona adosada a la medianera es la que establece la adaptación real del edificio al entorno y la que, en cierto sentido, hace que se aleje de la imagen utópica de los edificios exentos de las propuestas Metabolistas. De hecho, la solución construida por Tange, con los forjados en voladizo soportados en el cilindro central, puede considerarse más próxima a las propuestas de Wright en la torre de investigación para la Johnson Wax, aunque con una mayor importancia del cilindro central como definidor de la imagen del edificio.

Fig. 2.11 - Centro de Prensa y Comunicación de Shizuoka en Tokio, obra de Kenzo Tange (1967).
Fot. Autor del libro, 2016.

A poco más de quinientos metros del edificio de Tange se ubicaban las Torres de Cápsulas Nakagin[15] de Kisho Kurokawa (1972) el ejemplo construido que quizá mejor reflejaba el conjunto de los ideales Metabolistas, pero que, a la vez, menos se acerca a la imagen de la torre árbol según lo que hemos definido. Como su propio nombre indica, el elemento central del desarrollo de esta propuesta son las cápsulas habitacionales, pensadas para ser desmontables y reemplazables, si bien esto nunca llego a suceder, dando muestra de la difícil viabilidad real de estos planteamientos. El edificio de Kurokawa, que formaba parte de un conjunto más amplio que no se llegó a completar en su totalidad, estaba formado por un primer volumen de dos plantas, y de superficie mayor a la ocupada por las torres, a partir del cual arrancan estas, en una solución similar a algunos de los planteamientos de Kikutake a los que ya nos hemos referido, como la propuesta para Ikebukuro. En el interior de las torres había un núcleo estructural de planta cuadrada que contenía los elementos de circulación, y de él colgaban las cápsulas, de pequeñas dimensiones, en direcciones variables respecto de dicho núcleo. Si bien éste se prolongaba en la coronación del edificio y se singularizaba pintándose de color rojo, son las cápsulas las que configuraban fundamentalmente la imagen exterior, quedando el núcleo prácticamente oculto por estas, en una formalización que concreta las propuestas de Kikutake de la Tower-shaped Community a una escala más realista.

Fig. 2.12 - Maqueta de conjunto con elementos no realizados del proyecto de las Torres de Cápsulas Nakagin en Tokio de Kisho Kurokawa. Exposición "Japan-ness", Museo Pompidou de Metz. Fot. Autor del libro, 2017.

Fig. 2.13 - Torres de Cápsulas Nakagin en Tokio, obra de Kisho Kurokawa (1972).
Fot. Autor del libro, 2016.

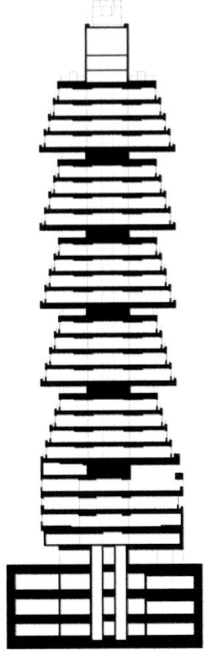

Precisamente de Kikutake será el tercero de los ejemplos construidos y el más próximo en el tiempo. Se trata del Hotel Sofitel (1994), que se situaba en las proximidades del Parque de Ueno en Tokio, y que fue demolido tan solo catorce años después de su construcción. Aquí, Kikutake se acerca a sus propuestas para la Tree-shaped Community, empleando una solución basada en un núcleo central de planta cuadrada del que cuelgan las habitaciones del hotel como ramificaciones, permitiendo los distintos tamaños y tipologías de las habitaciones un juego de escalonamientos agrupados en cuatro conjuntos de cuatro plantas cada uno. El núcleo central ocupa una superficie tan grande como las propias ramificaciones, incluso mayor en algunas de las plantas, apareciendo además plantas técnicas que separan los bloques de habitaciones y que actúan como refuerzos estructurales. Esto nos da cierta medida de lo que supone el traslado a una estructura real de los planteamientos Metabolistas. A diferencia de lo que ocurría en la Tree-shaped Community, en la que las viviendas se distribuían a los cuatro lados del núcleo, las habitaciones del Hotel cuelgan únicamente en dos costados, mientras que de los otros dos cuelgan escaleras exteriores, que quedan

Fig. 2.14 - Sección del Hotel Sofitel en Tokio, obra de Kiyonori Kikutake (1994). Dib. Autor del libro

recogidas dentro de unos refuerzos estructurales que enfatizan la presencia visual del núcleo en la imagen del edificio.

Kikutake, en una clara mirada hacia la tradición, trata de vincular su propuesta a la imagen ampliamente reconocible de la pagoda de cinco pisos y, en concreto, toma como referente una pagoda que en algún momento habría estado ubicada en el propio Parque de Ueno (Kikutake, 1999, 69). El referente, por tanto, ha pasado a ser un edificio de carácter simbólico pero único. No queda nada ya de esa imagen de un conjunto de torres que daba forma a la ciudad, aunque Kikutake todavía planteará alguna propuesta aferrada a esa idea en años posteriores en su proyecto "Ecopolis" (1996). La construcción del Hotel Sofitel y su referencia a la pagoda supondrá, por su parte, la aceptación de la imposibilidad de materialización de la ansiada construcción del bosque de torres árbol planteado por el Metabolismo. Esto queda patente en las propias palabras con las que Kikutake define el proyecto, a nuestro juicio no exentas de cierta tristeza: "Esta arquitectura es como un árbol solitario…" (Kikutake, 1999, 69).

Fig. 2.15 - Pagoda de cinco pisos del Templo Sensō-ji en Asakusa, Tokio. Fot. Autor del libro, 2015

La torre árbol del siglo XXI. Una esencialización orgánica

A la hora de abordar la idea de torre árbol en el siglo XXI, en el contexto de la arquitectura japonesa, podemos observar una variación fundamental respecto a algunos de los planteamientos que hemos visto hasta ahora. Y es que, si bien el elemento ramaje tendrá cierta presencia en alguno de los ejemplos que comentaremos, el desarrollo fundamental del edificio se centrará en el fuste, el tronco del árbol, que pasará a concentrar todas las funciones que antes se repartían entre los diversos elementos.

En el Edificio "Keyaki" (2013) Norihiko Dan rinde homenaje a los zelkovas que pueblan la avenida Omotesando de Tokio, en la que se asienta[16]. Dan recurre a una imagen exterior inspirada en la forma del tronco de un árbol, pero abandonando la abstracción del cilindro en favor de una forma más orgánica e irregular. Esto se refleja en unas plantas de perfil variable y aproximadamente circular que van recogiendo los estrechamientos y ensanchamientos de la forma exterior, que se plantea como el resultado de un aparente crecimiento orgánico del edificio. Esta solución permite una mejor respuesta del edificio hacia el entorno, ya que se ubica en una esquina y la planta circular no genera un volumen con una fachada dominante, sino que da una respuesta equivalente hacia ambas fachadas, ubicándose los elementos de comunicación, escalera y ascensor, en la esquina opuesta a la principal y que queda oculta.

Lo más característico de la imagen del edificio lo componen los elementos estructurales de hormigón armado en forma de nervaduras de perfil variable que recorren toda la fachada, distribuyéndose por el perímetro de la planta, generando así un espacio totalmente libre en el interior. Destaca especialmente su encuentro con el suelo, en el que estos elementos estructurales se van abriendo, lo que provoca un aumento del perímetro de la planta inferior y una clara sensación de enraizamiento del edificio, en un gesto que enfatiza la alusión orgánica. Su continuidad en fachada no se ve interrumpida por ningún otro elemento, ya que los forjados se retranquean y generan líneas discontinuas que se aprecian en las entrecalles que dejan los elementos estructurales, las cuales se cierran con paños de vidrio conformando las fachadas de cada planta. En esta solución de fachada, así como en el tratamiento de la esquina, podemos encontrar cierto paralelismo con el complejo de edificios para The Economist (1965), en Londres, de Alison y Peter Smithson, aunque, sin la complejidad urbana generada en el proyecto londinense (Monteys, 2017, 70-1).

Fig. 2.16 - Edificio Keyaki en la Avenida Omotesando de Tokio, obra de Norihiko Dan (2013).
Fot. Autor del libro, 2016.

Si bien es cierto que no podemos considerar este edificio como una torre propiamente dicha, ya que solamente cuenta con ocho plantas de altura, los planteamientos de edificio fuste sí que son afines formalmente a los de las torres árbol, y nos gustaría imaginar el edificio como un rastro, casi como un tocón que aún clavara sus raíces en el suelo, de lo que antes pudiera haber sido una torre árbol de mayor envergadura.

En el proyecto de la Torre Hotel (2010) que Toyo Ito construye para la Fira de Barcelona, encontramos un modelo de torre árbol mucho más elaborado. El edificio forma parte de un conjunto de dos torres que albergan un hotel y unas oficinas, y que se elevan sobre un basamento común a ambas. La torre del hotel tiene una forma que parte de un cilindro al que se le han practicado una serie de transformaciones geométricas, con plantas de una forma ligeramente irregular que presentan abombamientos desiguales a partir de un hipotético círculo base. Este perfil irregular va rotando y aumenta de superficie conforme aumenta la altura del edificio, que remata en una coronación más amplia que las plantas inferiores. Esta forma permite recoger las variaciones del programa a ubicar en cada una de las plantas, así como las diferencias de tamaño entre las propias habitaciones.

Fig. 2.17 - Edificio Keyaki en Tokio. Fot. Autor del libro, 2016.

Un rasgo característico de la torre reside en el uso del color rojo en el material de su fachada, de tal manera que no sólo destaca todavía más si cabe su perfil recortado sobre el cielo, sino que se enfatiza la alusión a un elemento natural mediante este uso del color, complementando al propio perfil orgánico de la torre.

El esquema organizativo del edificio es bastante sencillo, con un núcleo de servicios y circulaciones central de planta cilíndrica alrededor del que se coloca un pasillo de distribución que da acceso a las habitaciones. Ya dentro de las habitaciones, y en la zona más próxima al pasillo, se ubica un primer anillo que contiene las zonas de servicio, con el área estancial en el anillo perimetral y próximo a la fachada. Se configura así una característica

Fig. 2.18 - Conjunto de Torres Porta Fira en Barcelona, con la torre del hotel a la izquierda y la torre de oficinas a la derecha, obra de Toyo Ito (2010). Nuria Mª. López del Río, 2023.

distribución concéntrica que refuerza de alguna forma la metáfora vegetal. El cilindro central resuelve además parte de la sustentación del conjunto, complementado por una serie de costillas estructurales distribuidas de forma radial y que se alojan en las tabiquerías de las habitaciones, convirtiéndose en pilares circulares en las plantas inferiores.

Respecto a la resolución formal del edificio podemos establecer ciertos referentes más o menos claros. En primer lugar, esta idea de elemento aproximadamente cilíndrico que se levanta sobre un podio se asemeja en cierta medida a algunos de los proyectos de Kikutake, especialmente a su propuesta para Ikebukuro. No en vano, debemos recordar que Ito fue colaborador de Kikutake en los años 60 antes de abrir su propio estudio. Más allá de esta referencia más próxima, y a nuestro juicio, debemos alejarnos del ámbito japonés y acercarnos a la figura del brasileño Óscar Niemeyer para encontrar paralelismos aún más evidentes. En cuanto a la forma exterior, podemos aludir a su proyecto para la Torre del agua en Río de Janeiro (1941), no construido, en el que plantea una torre cilíndrica que se ensancha en su coronación y que arranca de un basamento más amplio que cuenta con una cubierta transitable directamente accesible desde el exterior a través de una rampa, en una solución característica de su autor. Dado que el programa de este edificio es el de un sencillo depósito de agua, la complejidad de su planta se ha reducido a su mínima expresión, planteando una solución meramente funcional. Si bien no por eso Niemeyer desatiende la configuración formal de un edificio de cerca de 50m de altura, algo menos de la mitad que el proyectado por Ito, con el consiguiente impacto que hubiera generado su presencia en el entorno.

En cuanto al esquema en planta y la distribución interior, podemos encontrar una clara semejanza con el Complejo de edificios en Barra de Tijuca, Río de Janeiro (1973) o, de forma aún más clara, con el Hotel Nacional (1968) ubicado también en Río de Janeiro. Aquí encontramos las variaciones en las plantas en base al programa que veíamos en el edificio de Ito, lo que se aprecia con claridad tanto en las habitaciones como en la planta del restaurante. Más aún, la torre cilíndrica del Hotel Nacional arranca de un basamento de una planta más amplio que la forma de la propia torre y que presenta un perfil sinuoso característico de Niemeyer, algo muy semejante a lo que podemos ver en el edificio de Ito, cuyo basamento presenta también un perfil irregular de formas sinuosas en uno de sus lados.

Fig. 2.19 - En primer plano, Hotel Porta Fira en Barcelona. Las torres arrancan de un basamento de perfil sinuoso que es el encargado de establecer la transición con la cota cero.
Nuria Mª. López del Río, 2023.

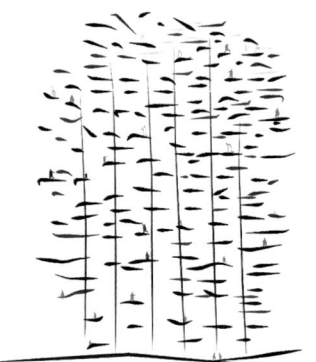

En el "L'arbre blanc" (2019), una torre de apartamentos de diecisiete plantas levantada por Sou Fujimoto en la ciudad de Montpellier, la completa resolución del programa del edificio se concentra en el cuerpo central, un gran prisma de planta irregular y casi ameboide, mientras que la imagen del edificio, su referencia al árbol, se confía a unos grandes balcones con que se dota a los apartamentos y que vuelan de la estructura principal con una clara alusión formal al ramaje. La distribución del programa en la planta sigue un esquema sencillo, con un núcleo central de planta cuadrada que contiene los elementos de circulación y al que atraviesa un pasillo que dibuja el eje central de cada planta y distribuye a los apartamentos. Estos, de diferentes tamaños, se organizan en la planta de forma casi caprichosa, lo que favorece una distribución de huecos y balcones prácticamente aleatoria en las fachadas. Para aumentar esta sensación de aleatoriedad y desorden exteriores, los balcones se colocan en diversos ángulos respecto a la fachada, y se multiplica la presencia de elementos volados al colocar una serie de marquesinas de sombreamiento que se distribuyen de forma similar a la de los balcones.

Ya desde la generación de la planta, cuya forma responde a las vistas, las orientaciones y la relación volumétrica y perceptiva con los edificios del entorno, el proyecto trata de acercarse a una forma orgánica alejada de cualquier idea de orden reconocible. En cierta medida se plantea la idea, tal vez excesivamente simplista, que de que el orden natural puede reproducirse

Fig. 2.20 - Esquema conceptual de L'arbre blanc en Montpellier, obra de Sou Fujimoto (2019). Sou Fujimoto Architects + Nicolas Laisné Architectes + OXO Architectes, 2015

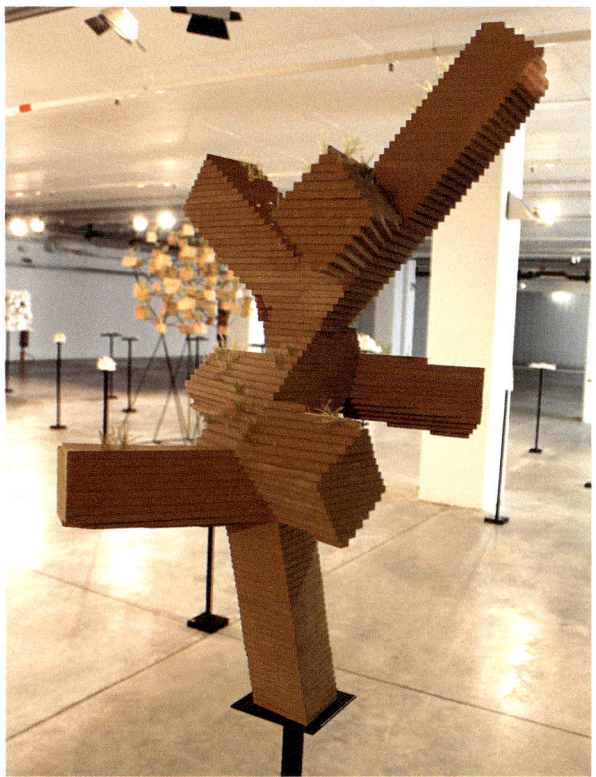

a través de la manifestación de una forma aleatoria, cuya imagen final es el resultado de dar respuesta a estímulos y necesidades muy puntuales y concretos, dando lugar a un organismo arquitectónico complejo.

El último edificio que nos ocupa no puede considerarse tanto un proyecto, aunque lo es, como una especie de reflexión sobre una nueva idea de torre árbol. En el Rascacielos-Árbol, presentado por Sou Fujimoto dentro de la exposición de su obra que tuvo lugar en el Museo Louisiana de Arte Moderno de Dinamarca en el año 2011, se rompe en cierto sentido la dicotomía fuste-ramas, al plantear un edificio que se asemeja más a una rama clavada en el suelo que a un árbol, al carecer de un elemento tronco reconocible. Aunque es cierto que también podría interpretarse la forma del edificio como la de un único tronco que se va ramificando conforme aumenta su altura. Esta forma irregular exterior se compone de plantas superpuestas

Fig. 2.21 - Maqueta del Rascacielos-Árbol de Sou Fujimoto (2011). Exposición "Sou Fujimoto. Futurospective Architecture", Trienal de Arquitectura de Lisboa. Jesús J. Ruiz Alonso, 2013.

de diferentes alturas a las que se les practican grandes vaciados, interconectándose todos los espacios interiores mediante ascensores y otras plataformas móviles verticales e inclinadas. La complejidad de la forma exterior, por tanto, apenas se manifiesta en la distribución interior, más allá de la limitación que se establece en el perímetro de cada planta para acercarse a esta forma exterior establecida. Esto se aprecia todavía más claramente en la maqueta conceptual del edificio, elaborada mediante planchas de madera simplemente superpuestas unas encimas de otras, representando los niveles del edificio. Estas planchas se cortan con sus bordes en vertical, sin responder a las inclinaciones de las fachadas y volúmenes exteriores, por lo que la imagen exterior es escalonada y no compuesta de planos continuos. Esta solución permite entrever una cierta idea de escala arquitectónica más allá de la propia forma orgánica, que, sin esta solución, podría haberse entendido incluso como un mero objeto escultórico.

En todo caso, esta propuesta es, en cierto sentido, la más próxima a las torres árbol Metabolistas, especialmente a las planteadas por Isozaki. Al igual que este, en un ejercicio de cambio de escala, convertía elementos estructurales presentes en la arquitectura tradicional en grandes edificios, Fujimoto condiciona todo el planteamiento de su edificio a un cambio de escala similar, en este caso a través de la conversión más o menos directa de un elemento natural en una imagen arquitectónica, sin que medien otros condicionantes de ningún tipo.

A tenor de lo visto hasta ahora, la torre árbol del siglo XXI se aleja de las formas abstractas y simplificadas de sus precedentes Metabolistas para centrarse en un acercamiento más decidido al referente orgánico que le sirve de modelo. La forma exterior del edificio sigue siendo, eso sí, la principal preocupación a la hora de desarrollar estos proyectos, diferenciándose de los modelos Metabolistas al incorporar en la forma global del edificio todas las funciones que este contiene, sin dotarlas de una componente diferenciadora, mientras que en las anteriores podía observarse aún una cierta identificación de los diferentes elementos y las funciones que cada uno de ellos contenía. Además, en algunos casos, los proyectos contemporáneos prestan una mayor atención a la relación entre el edificio y su entorno, en parte debido a la menor escala de las intervenciones propuestas. La torre árbol del siglo XXI es, en todo caso, y como ya presagiaba con sus palabras Kiyonori Kikutake, un edificio solitario. Un árbol solitario.

Notas

[1] William Curtis data el proyecto en 1939. (Curtis, 1987, 127).

[2] Cabe mencionar que en las plantas de estas propuestas las estancias aparecen rotuladas como "trunk room", lo que, en cierto sentido, puede entenderse como una declaración de intenciones por parte de Wright, gracias al juego de palabras que se establece con la palabra "trunk", que tiene tanto el significado de maletero, por un lado, como el de tronco (de árbol), por otro. Estas plantas se han visto en Lipman, Jonathan, y Kenneth Frampton. 1986. *Frank Lloyd Wright and the Johnson Wax buildings*. Londres: Architectural Press.

[3] Entre ellos destacamos los textos de Jonathan Lipman (Lipman, 1986, 130); Ramón Rodríguez Llera (Rodríguez Llera, 2012, 315); o Juan Antonio Cortés. Cortés, Juan Antonio, 2014. "Templos del trabajo. El edificio Larkin y los Edificios Johnson Wax de Frank Lloyd Wright" en *Arquitectura, símbolo y modernidad*, editado por Daniel Villalobos Alonso, Iván Rincón Borrego y Sara Pérez Barreiro, 45-59. Valladolid: Real Embajada de Noruega en España.

[4] A partir de ahora, y con el objetivo de simplificar el discurso, al referirnos a los "arquitectos Metabolistas" incluiremos tanto a los autores que pertenecieron formalmente al grupo, como Kiyonori Kikutake, Kisho Kurokawa o Fumihiko Maki, entre otros, como a otros cercanos que nunca formaron parte oficial de dicho movimiento, como Kenzo Tange y Arata Isozaki. Este aspecto se aclara en Koolhaas, Rem, y Hans U. Obrist. 2011. *Project Japan: metabolism talks...*Colonia: Taschen.

[5] "En tiempos del gótico, los arquitectos construían con piedras macizas. Ahora podemos construir con piedras huecas. Los espacios definidos por los miembros de una estructura son tan importantes como los propios miembros". Louis Kahn citado en (Frampton, 2009, 247).

[6] "La ciudad, a la que en principio se concedía la posibilidad de dotar de contenido a la propia arquitectura se ve invadida por los principios de esta última, como si fuera el hecho de convertirlos en urbanos el que tuviera la virtud de volverlos trascendentes y adecuados". (Capitel, 2010, 48-9).

[7] Uno de los autores que comenta esta cuestión es Hajime Yatsuka, arquitecto y profesor del Shibaura Institute of Technology de Tokio. Su comentario se recoge en (Koolhaas, 2011, 51).

[8] "Las ruinas simbolizaban el pasado y otras proponían estructuras del futuro. El pasado y el futuro tenían que estar juntos en el presente. Esta no es la imagen del futuro, ni la imagen del pasado; era una imagen del presente". Arata Isozaki, citado en (Oshima, 2009, 12).

[9] Después del final de la II Guerra Mundial se desarrolló una tecnología flexible y antisísmica que se aplicó por primera vez en el edificio Kasumigaseki de Tokio, que se terminó de construir en 1968 y se elevó hasta las treinta y seis plantas, dando así fin a la antigua restricción de altura existente. (Stewart, 1987, 188).

[10] "La 'arquitectura' se crea únicamente a partir de alusiones a lo que la 'arquitectura' ya ha incorporado en los códigos culturales". Isozaki, Arata. 1978. "Una arquitectura de alusión y metáfora". Recogido en Drew, Philip. 1983. *Arata Isozaki*, 197. Traducción de Teresa Güell. Barcelona: Gustavo Gili.

[11] La importancia del arquetipo del "Pilar del cielo" en la obra de Isozaki, así como su presencia en la arquitectura tradicional japonesa, ha sido desarrollada con profundidad por parte de diversos autores, por lo que no nos extenderemos más aquí respecto a este tema. Se recomienda especialmente la descripción que plantea al respecto Philip Drew en relación a lo que él se refiere como el "Primer Estilo" de la obra de Isozaki y la presencia en el mismo del arquetipo del "Pilar del cielo". (Drew, 1983, 52-5).

[12] Estos proyectos se desarrollan hacia finales del periodo de actividad del Grupo Metabolista, el cual viene marcado, según señalan la mayoría de autores, por la celebración de la Expo de Osaka en 1970, siendo este evento el que, paradójicamente, debería haber servido para asentar y permitir una mayor difusión de sus planteamientos arquitectónicos. (Rodríguez Llera, 2012, 277-8)

[13] "(…) en cuando a edificios que reflejan detalles del diseño metabolista, realmente solo hay dos (…) si éstos debieran o no de haber funcionado como parte de una megaestructura más grande, aquí están conformados como manifestaciones de preferencia utópica contenidos y perfectamente escalados". (Stewart, 1987, 184).

[14] David B. Stewart, según recogemos en la nota anterior, reconoce dos edificios "dignos" de ser considerados en esta categoría: el Centro de Prensa y Comunicación de Shizuoka de Kenzo Tange (1967) y la Torre de Cápsulas Nakagin de Kisho Kurokawa (1972), ubicados ambos en Tokio. A estos dos ejemplos nosotros añadiremos uno más, que no estaba construido en el momento en el que Stewart hizo dicha afirmación: el Hotel Sofitel, situado también en Tokio, de Kiyonori Kikutake.

[15] Durante la redacción y en el momento de la defensa de la tesis doctoral que da origen al presente libro, la torre Nakagin todavía seguía en pie. Escasamente un mes después de dicha defensa, a mediados del mes de abril del año 2022, comenzó la demolición del edificio, que pudo seguirse en directo en redes sociales. Muchas de las cápsulas que lo conformaban han sido restauradas y compradas o donadas a museos e instituciones de todo el mundo. Se puede seguir el proceso y conocer información sobre el destino de algunas de estas cápsulas en www.nakagincapsule-tower.com (consultado el 2 de diciembre de 2023).

[16] El nombre del edificio ya lo anticipa, ya que *keyaki* es el nombre japonés del zelkova, un tipo de olmo muy apreciado y que puede verse en grandes avenidas como la de Omotesando.

Yo siempre uso el ejemplo de un árbol. La gente se siente muy cómoda sentada bajo un árbol. El árbol, sin embargo, no asume una forma confortable pensando en la gente. Su forma deriva de una necesidad práctica de maximizar su superficie para la fotosíntesis. Como resultado, la gente ve esa forma interesante y confortable. Para hacer arquitectura que se parezca a la relación entre las personas y los árboles es necesario generar principios. Akihisa Hirata (Nuijsink, 2012, 158).

Recuerdo que, al mirar el interior de una maqueta de madera de balsa a escala 1:50, comenté que era una "jungla". Esto ocurrió en la época en que el proyecto de la casa estaba casi acabado y me encontraba a punto de partir de viaje para visitar varias ciudades de África Occidental. Kazuo Shinohara (2G, 2011, 262).

El árbol en la casa
Lo simbólico en el espacio doméstico

Vivir bajo el árbol o en sus ramas

El ámbito de la vivienda unifamiliar siempre ha recibido especial atención por parte de los arquitectos de la modernidad. En este tipo de obras han quedado plasmados de forma clara algunos de los más destacados ideales arquitectónicos del siglo XX y continúa siendo un foco de atención aún en nuestros días. Esto se debe indudablemente a multitud de factores, pero podemos destacar, entre otros, la importancia que ha tenido y sigue teniendo la reflexión sobre los modos de habitar, sus carencias y posibilidades, tanto en una búsqueda por establecer nuevas soluciones nunca antes conocidas como en la puesta en valor y recuperación de otras cuya vigencia parecía cosa del pasado. El ámbito de la arquitectura moderna japonesa del siglo XX no es ajeno a esta tendencia, y son muchos los autores que han hecho aportaciones formales y espaciales destacadas a la arquitectura de la casa, a la que, en algunos casos, han destinado buena parte de su obra autores como Antonin Raymond, Sutemi Horiguchi, Kenji Hirose o Kiyoshi Seike. Sin embargo, si tuviéramos que decantarnos por el más insistente valedor de la importancia de la vivienda unifamiliar como campo de experimentación, probablemente deberíamos referirnos a Kazuo Shinohara, cuya influencia es ampliamente reconocida en el panorama de la arquitectura japonesa posterior.

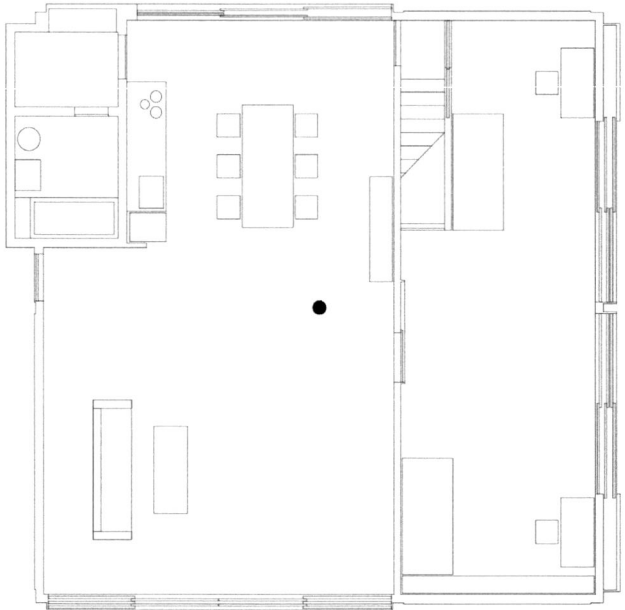

Su trayectoria, que comenzó a mediados de los años 50, comprende fundamentalmente el diseño de viviendas unifamiliares casi hasta los últimos años de su carrera profesional, en los que desarrolló algunos proyectos de mayor escala. Esto contrasta con la obra de sus coetáneos, como Kenzo Tange, Arata Isozaki o los miembros del Grupo Metabolista, centrados en proyectos de mayor escala y repercusión urbana, como equipamientos y grandes edificios residenciales, los cuales permitían un mayor desarrollo de sus ideales arquitectónicos[1].

Shinohara buscó en su obra construir espacios bellos y comprometidos con su ideal más ambicioso, el del entendimiento de la casa como obra de arte. Para ello defendió la creación de espacios que fueran más allá de la mera resolución de aspectos funcionales o técnicos, dotándolos de valores simbólicos que enriquecieran la relación entre el edificio y sus ocupantes. Así, en un texto de 1967, manifiesta esta inquietud y convencimiento:

Fig. 3.1 - Planta baja de la Casa en Blanco en Tokio, obra de Kazuo Shinohara (1964-66). Dib. Autor del libro.

*No confío en el tipo de proyecto que da prioridad a la función (…)
Cuando un espacio posee una belleza superior, se hará presente
su derecho a una vida más prolongada.* (2G, 2011, 246)

La obra de Shinohara puede dividirse principalmente en tres estilos reconocibles, como así lo definió el propio autor, en los que se trabajan
fundamentalmente proyectos residenciales, con un cuarto estilo final en el
que aparecen obras de mayor escala y programas diversos. El primer estilo,
que comprende las viviendas construidas entre 1954 y 1968, enfatiza el
empleo de recursos formales y materiales propios de la tradición japonesa,
pero utilizados en una reinterpretación no tradicional (2G, 2011, 21). Serán
significativos en este periodo el uso de la estructura como elemento que
"puntúa" y cualifica el espacio, el uso de la planta cuadrada, de la cubierta
inclinada y de elementos tradicionales como los *shōji*. Los dos primeros
temas estarán presentes de una u otra forma en las obras de sus estilos
posteriores y pueden observarse en la que se considera obra más destacada de este primer estilo, la Casa en Blanco (1964-66). En esta vivienda, de
planta cuadrada y cubierta a cuatro aguas, un pilar circular de cedro ocupa el punto central del cuadrado, con una fuerte presencia en el espacio
principal de la vivienda. Algunos autores comparan este elemento y el uso
que de él hace Shinohara con el papel que cumplen algunos pilares en los
templos sintoístas, donde el carácter simbólico del pilar va más allá de su
función estructural, algo similar a lo que podemos observar en el pilar del
tokonoma de la casa de té o en el *daikokubashira*, el pilar central de las
viviendas rurales o *minka*.

El segundo estilo, que abarca diez casas construidas en cinco años, se cen-
tra en el uso de un prisma cúbico al que se le practican una serie de ope-
raciones espaciales y volumétricas para desarrollar lo que Shinohara denomina "espacio fisura". Otras cualidades del segundo estilo son el empleo
sistemático del hormigón armado y la sustitución de la cubierta inclinada
del primer estilo por una cubierta plana (2G, 2011, 28).

Las obras del tercer estilo son más difícilmente clasificables en base a unos
parámetros concretos y se caracterizan por su mayor singularidad y por
el grado de desarrollo de las investigaciones espaciales que darán lugar a
varias de las obras más reconocidas de Shinohara. El uso extensivo del hormigón armado, especialmente en elementos estructurales que cualifican el
espacio, parece depurar, en una misma obra, algunas de las investigaciones
que había llevado a cabo previamente, antes dispersas entre varias obras.

El espacio doméstico que propone Shinohara no está exento de contradicciones, y es en ese cierto carácter contradictorio donde probablemente resida el mayor interés de estos espacios. Como destaca Enric Massip:

> (...) la domesticidad en la obra de Shinohara toma un cariz que nunca tiene que ver con la complacencia o la banalidad, sino que, al contrario, constituye un desafío a las convenciones. (2G, 2011, 9).

Esto demanda una adaptación a las condiciones de uso de esta arquitectura por parte de sus habitantes. Como recalca Massip, el espacio que se concibe en esa actitud de alejamiento de lo convencional:

> (...) no es complaciente ni fácil, puesto que siempre exige una conciencia activa o un estado mental por parte del usuario. (2G, 2011, 9).

En esa búsqueda del enriquecimiento de la experiencia del espacio doméstico a través de la presencia de lo simbólico Shinohara recurre a la creación de espacios cargados de emoción[2]. Una emoción fundamentada en la capacidad del espacio de provocar sensaciones irracionales, que tienen que ver con la corporeidad y la experimentación, y no sólo con un acercamiento visual a los mismos.

En parcelas y obras de tamaño modesto, Shinohara crea espacios cuya escala está aparentemente fuera de lugar en relación a las posibles condiciones funcionales requeridas para una vivienda unifamiliar y a la escala del cuerpo humano que la habita, siguiendo su máxima de crear un espacio doméstico lo más grande posible (2G, 2011, 37). Otro mecanismo que empleará será el de la desproporción, enfatizando la verticalidad de un espacio a través de sus dimensiones, o proponiendo un espacio estancial y de reunión de un tamaño mayor al que dicta su uso. Esto dará lugar a plantas en las que este tipo de espacios ocupan la mayor parte de la superficie de la vivienda, mientras que las estancias menos representativas se empaquetan en áreas de carácter más funcional. Su comunicación con los espacios representativos se ve, en ocasiones, reducida a su mínima expresión, ocultándose o haciéndose escasamente visible su acceso desde los mismos. Esto puede provocar en los usuarios una especie de conciencia de uso y movimiento por espacios de muy diferente carácter, lo que enfatiza la percepción cualitativa de los mismos.

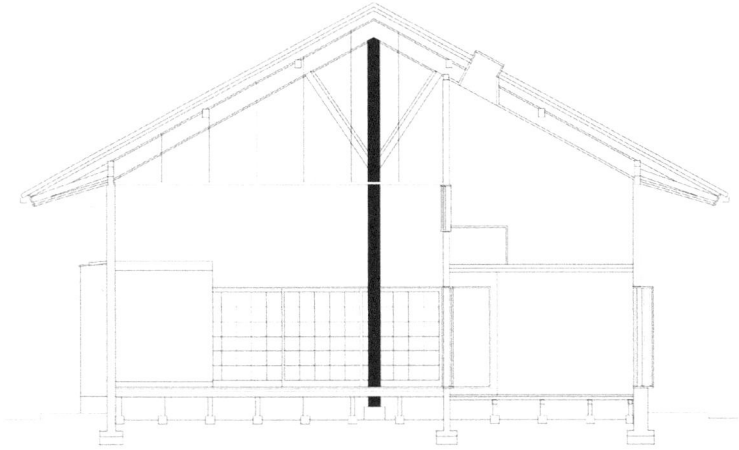

El último de los mecanismos que será recurrente en su hacer proyectual será el de dotar de protagonismo a los elementos estructurales en la concepción y experimentación del espacio. Shinohara empleará elementos estructurales puntuales, construidos en madera u hormigón, cuya presencia se verá enfatizada por la presencia de vigas diagonales u horizontales, por su contraste material dentro del espacio y por la ubicación de los propios elementos, que ocuparán una posición central y exenta. Estos elementos estructurales, singularizados por todas estas cualidades, parecen ser los verdaderos habitantes del espacio, estableciendo un diálogo de escala, forma y textura con los usuarios en su experimentación de la arquitectura.

Shinohara defenderá la creación de un espacio definido por la superposición de símbolos, idea que tiene su imagen más directa en el paisaje urbano de Tokio. En sus propias palabras:

> *En Tokio (…) las calles están llenas de un caos de formas y colores. En el típico paisaje urbano de los barrios comerciales de Tokio, que no puede describirse sino como caótico, encuentro una vitalidad que aprecio. Lo que aprecio no es el paisaje urbano en sí mismo sino la estructura del caos que genera esa vitalidad.* (Taki, 1983, 45).

Fig. 3.2 - Sección de la Casa en Blanco en Tokio, obra de Kazuo Shinohara (1964-66). Dib. Autor del libro.

Sin embargo, en los espacios de sus pequeñas viviendas se nos hace difícil encontrar a primera vista cómo se concreta la manifestación formal de ese caos, ya que se trata habitualmente de espacios ordenados, en muchas ocasiones grandes volúmenes vacíos, definidos por escasos elementos. Serán las palabras del filósofo y fotógrafo Koji Taki las que unificarán ambos aspectos:

> *(...) esta arquitectura se basa en un sistema (...) en el que los únicos factores determinantes son las relaciones de contraste entre elementos, y en ese sentido este sistema es una simulación arquitectónica de la ciudad.* (Taki, 1983, 59).

Más aún, Taki aclara que este contraste, esta oposición, busca crear un espacio cargado de significado, en el que serán los elementos estructurales los que aglutinen las cualidades representativas y simbólicas que permitan alcanzar ese objetivo[3].

Shinohara será, sin embargo, consciente de la problemática asociada a la generación de significados asociados al espacio arquitectónico, dado que el significado no es una cualidad propia de la arquitectura, sino que depende de la interpretación que de ella hacen los usuarios (Taki, 1983, 56). Es por esto por lo que sus espacios no partirán de la reconstrucción de una imagen preestablecida, sino que los elementos arquitectónicos únicamente tratarán de expresar sus funciones constructivas (Taki, 1983, 45). Shinohara confiará entonces, en última instancia, en la capacidad de los usuarios de establecer asociaciones poéticas en su lectura del espacio, para dotarlo de significado. Lecturas que estarán apoyadas, necesariamente, en la generación de ciertas formas asociadas a imágenes culturalmente asequibles para los propios usuarios[4].

Hay una cierta diferencia entre los planteamientos de Shinohara y los empleados por otros autores, dado que estos emplean de manera más explícita la asociación metafórica, si bien en algunos casos no en la propia forma arquitectónica sino en su definición teórica. Shinohara, por el contrario, elude deliberadamente esta relación directa, pero es posible referirnos una idea común a ambos planteamientos que establece una mayor correlación entre ellos. Se trata del uso del proceso tradicional de "creación de lugares", tal y como Warren Sanderson identifica en la obra de Shinohara, definiendo ese lugar como:

(...) un espacio, localización o estructura con la que, con el tiempo, se relacionan de forma única redes dinámicas de significados y memorias interconectados. (Sanderson, 1984, 117).

Aparece así nuevamente una referencia a la importancia de la construcción de esa imagen poética presente en el inconsciente colectivo, y de la que diversos autores buscarán valerse a la hora de construir un espacio simbólico, manifestándose de forma más o menos explícita en cada caso. Será nuevamente Koji Taki quien defina de manera más precisa la forma en la que los usuarios se relacionan con estos espacios metafóricos:

(...) cuando un espacio arquitectónico real se experimenta como espacio metafórico, esta experiencia en sí misma no se induce a través de la estructura física sino de la estructura poética del espacio. (Taki, 1983, 54).

Todas estas soluciones conectan con sensaciones que podemos asociar a la arquitectura tradicional japonesa, pero en la obra de Shinohara estas asociaciones siempre se establecerán desde un planteamiento compositivo moderno[5]. Esta diferenciación conceptual se hace especialmente patente en su trabajo sobre el espacio, ya que, como señalan diversos autores, y él mismo indica, en la arquitectura tradicional japonesa:

(...) puede existir una idea de vacío, pero no surgió ningún concepto de "espacio". (2G, 2011, 244)

Formalmente, las alusiones tienen que ver sobre todo con aquella arquitectura más popular y rural, incluso con la más primitiva, con construcciones caracterizadas por grandes cubiertas, con espacios multifuncionales en los que tienen cabida las más diversas actividades, y elementos estructurales algo toscos de formas y texturas crudas empleados con gran sinceridad y sin artificios. Estas referencias a la arquitectura más primitiva o menos refinada tienen que ver con el redescubrimiento que hace Shinohara en su propia obra de lo que él se refiere como lo "salvaje" y que deliberadamente busca enlazar con las teorías del filósofo francés Lévi-Strauss, quien destaca que:

Aquello que define la mente salvaje es una motivación por simbolizar furiosa y sin precedentes. (2G, 2011, 276).

Tal vez redescubrimiento sea un término aparentemente extraño si nos referimos a la reflexión que un autor, Shinohara en este caso, hace sobre su propia obra, pero parece el más indicado dado que le permite asentar esa búsqueda por lo simbólico, que había sido consustancial a su producción arquitectónica, dentro de un ámbito del pensamiento humano más amplio como es el que propone Lévi-Strauss. Redescubrimiento, reiteramos, porque si bien Shinohara había tratado insistentemente de construir un espacio simbólico, no lo había hecho a través del uso de elementos intencionadamente figurativos, o del uso inmediato y perfectamente legible de otros culturalmente reconocibles, sino que buscaba alcanzar lo simbólico a través de una determinada disposición de elementos no figurativos. Así, defenderá que "la abstracción se halla en la raíz misma de mi pensamiento", enfatizando su "inclinación por las formas simplificadas" (2G, 2011, 271-2).

Quizá sea en la descripción que el autor hace de la Casa Tanikawa (1972-74) donde mejor pueda comprenderse lo dicho anteriormente:

> *(…) imaginé un marco neutro bastante desprovisto de cualquier significado añadido, al que más tarde me referiría como espacio "desnudo": los pilares, los muros y las tornapuntas expresan simplemente su propia función, y yo pondero la posibilidad de llevar a cabo algo no excepcional. Si es posible, espero borrar por completo cualquier significado, ya esté incorporado en un elemento de la estructura o en el propio espacio.* (2G, 2011, 273).

Leído este texto, en el que defiende una arquitectura carente de significado, sorprende y cobra aún más sentido esa sensación de redescubrimiento de lo "salvaje" que lleva a cabo Shinohara, como una contradicción entre la pretendida construcción del espacio y la percepción de su formalización concreta, algo que sin duda se relaciona con la lectura y adhesión a los postulados de Lévi-Strauss, y cuya manifestación tiene que ver con el diseño de una de sus obras más conocidas, la Casa en Uehara (1975-76). Esta contradicción se hace claramente patente en las palabras con las que Shinohara explica ese descubrimiento de lo salvaje en la Casa en Uehara:

> *Recuerdo que, al mirar el interior de una maqueta de madera de balsa a escala 1:50, comenté que era una "jungla". (…) Sin embargo, la pronunciación del enigmático término tenía poco que ver con cualquier sugerencia formal, sino con lo salvaje que sentía en el proceso mismo del proyecto.* (2G, 2011, 263).

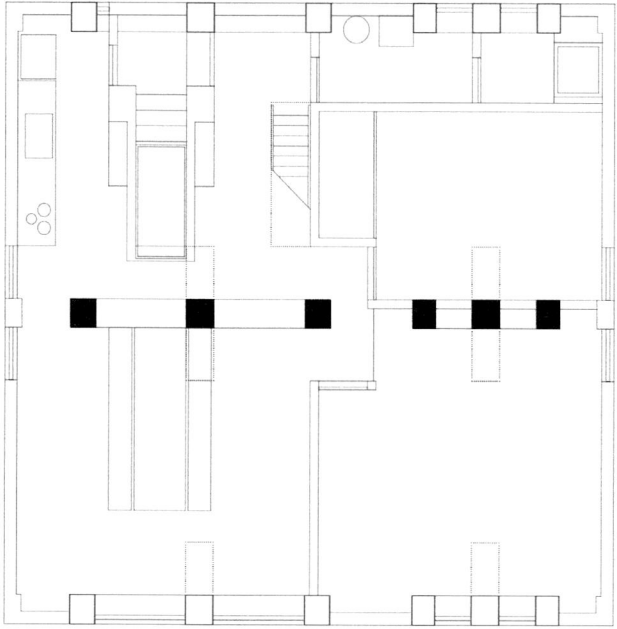

Será apoyándonos en los espacios propuestos en esta obra y en la ya mencionada Casa Tanikawa que definiremos los ideales de esa incorporación del árbol, que toma forma de un elemento arquitectónico, en la casa, como mecanismo que busca introducir lo simbólico en el espacio doméstico.

La Casa en Uehara es un prisma de base cuadrada de dos plantas al que se le ha eliminado aproximadamente un tercio de la planta baja para generar una zona de aparcamiento y el acceso a la vivienda, que se desarrolla en la planta superior, mientras que la inferior acoge una zona de trabajo para el propietario, un conocido fotógrafo. Este prisma está construido como una cáscara monolítica de hormigón que se soporta gracias a tres juegos de dobles soportes de hormigón armado con tornapuntas, de los cuales, cuatro se encuentran incorporados a las fachadas y tan solo los dos centrales pueden considerarse exentos. Estos soportes discurren ininterrumpidos atravesando ambas plantas, con las tornapuntas ocupando parte del espacio de

Fig. 3.3 - Planta superior de la Casa en Uehara, Tokio, obra de Kazuo Shinohara (1975-76).
Dib. Autor del libro.

97

la primera planta, y son varios los autores que los asemejan a elementos arbóreos[6]. La continuidad de los pilares se enfatiza por el hecho de que el suelo de la planta primera está construido mediante un forjado ligero de madera, que se colocó una vez terminados la cáscara de hormigón y los elementos estructurales. Este uso del elemento ligero, discordante con el resto de la estructura, unido a la presencia de los pilares y tornapuntas de hormigón, que parecen estar fuera de escala y alrededor de los cuales gira todo el espacio vividero de la planta primera, da la sensación de que se ha generado un espacio habitable entre las ramas de un árbol (2G, 2011, 15).

Este elemento estructural conforma el carácter simbólico del espacio (2G, 2011, 15), como hemos venido comentando, y nos permite establecer una lectura retrospectiva el uso de este tipo de soluciones en diversas obras anteriores de Shinohara. En primer lugar hay que comentar que, a diferencia de lo que ocurre en la Casa en Uehara, en la que los pilares soportan el forjado de la planta primera y la cáscara estructural, en el resto de viviendas estos pilares serán elementos que soporten únicamente la cubierta, habitualmente inclinada, y la interacción de los usuarios no se producirá con la parte superior de los pilares, sino solamente con el poste inferior, quedando incluso las tornapuntas ocultas en algún caso. En este tipo de soluciones podríamos hablar de que el conjunto formado por los pilares, con formas que recuerdan de manera abstracta a las de un árbol, y la cubierta inclinada configuran una idea básica de cobijo (Massip-Bosch, 2016, 66-74). Casi como una analogía con la idea de cobijo asociada al espacio que hay debajo de un árbol.

Esta solución la encontramos en la Casa nº3 en Hanayama (1976-77), en la que se aplica de una forma menos brutal que en Uehara, y también, aunque de forma menos explícita, en la Casa en Blanco, en la que del pilar de madera central surgen cuatro tornapuntas que soportan las aristas de los planos que conforman las cuatro aguas de la cubierta, quedando esta parte de la estructura oculta en el falso techo. De forma fragmentaria, aparece también en las primeras Casas en Hanayama, norte y sur (1965 y 1968 respectivamente), en las que las tornapuntas se apoyan en muros o aparece un pilar de madera exento que establece un extraño diálogo con los elementos diagonales de madera.

Sin duda en la obra en la que el autor emplea con más intensidad este recurso es en la Casa Tanikawa. Shinohara construye una vivienda próxima a la zona de vacaciones montañosa de Karuizawa para el conocido poeta

Shuntaro Tanikawa, quien le describe al arquitecto el programa que debe contener la vivienda de la siguiente manera:

Casa de invierno o cabaña de colono (casa). Espacio de verano o iglesia para un panteísta (no hace falta que sea una casa). (2G, 2011, 132)[7].

Empleando sus recursos habituales, Shinohara plantea una vivienda desarrollada bajo una gran cubierta inclinada, compuesta por una zona de menor superficie, destinada a los espacios vivideros (casa de invierno), y una zona de mayor superficie en la que se ubica ese espacio "sagrado" al que aludía Tanikawa, y que será el verdadero centro de la casa. Se trata de un espacio definido por un suelo de tierra que conserva la inclinación natural del terreno, dos paramentos de vidrio bajos y de diferente altura en las zonas inferior y superior de la pendiente, y una gran cubierta y dos testeros

Fig. 3.4 - Sección de la Casa en Uehara, Tokio, obra de Kazuo Shinohara (1975-76). Dib. Autor del libro.

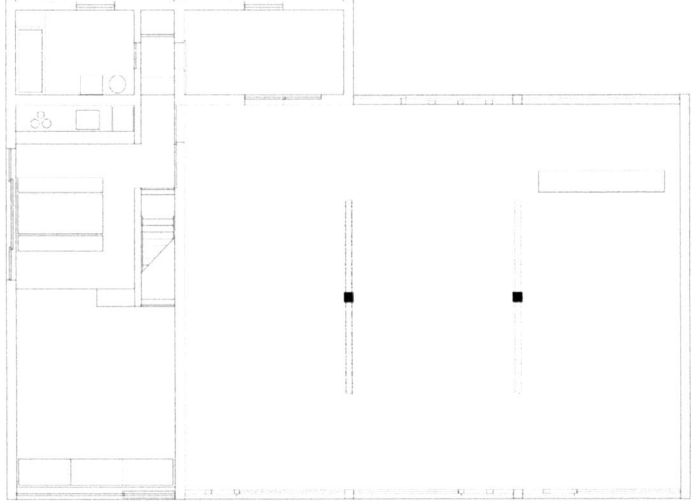

de color blanco divididos por un pilar de madera central. El protagonismo del espacio lo adquieren los elementos estructurales, dos pilares de madera con grandes y esbeltas tornapuntas que soportan la gran cubierta. Estas se asemejan por su forma y materialidad a dos árboles, y en conjunción con el suelo de tierra nos transmiten la sensación de que nos encontramos en una cabaña primitiva, en un espacio delimitado de forma rudimentaria dentro del bosque. Una capilla panteísta que podríamos también asociar a los espacios sagrados de la cultura japonesa tradicional.

Como curiosidad, es interesante fijarnos en las fotografías con las que Shinohara publicó el proyecto en su momento. Es la única de sus obras publicadas en las que aparecen personas utilizando el espacio (2G, 2011, 15), las cuales lo comparten con los soportes y otro elemento cuya forma nos llama la atención. Se trata de una escalera de extraño perfil, con cierta semejanza a las empleadas tradicionalmente por los jardineros japoneses, que permite a los personajes que pueblan la escena entablar una especie de juego de aproximación a la cubierta y a la parte superior de los soportes.

Fig. 3.5 - Planta baja de la Casa Tanikawa en Karuizawa, obra de Kazuo Shinohara (1972-74).
Dib. Autor del libro.

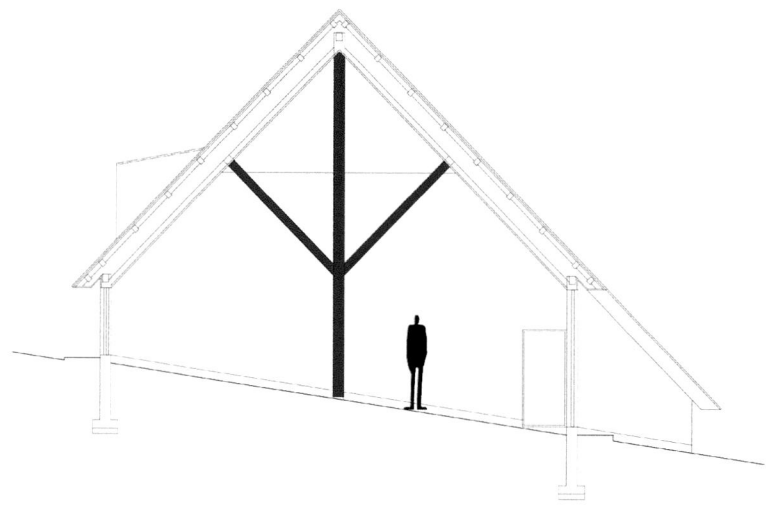

Podríamos entender que la Casa Tanikawa y la Casa en Uehara componen una especie de conjunto complementario, la primera realizada con soportes de madera y con un espacio simbólico no vividero desarrollado bajo una gran cubierta, y la segunda con un espacio simbólico vividero atravesado por soportes de hormigón. Una, la Tanikawa, en la que el usuario se cobija en un espacio-cubierta desarrollado bajo los árboles-soporte. Otra, la Uehara, en la que el usuario desarrolla su vida entre el ramaje de hormigón.

Variación y complejidad. La disolución de los arquetipos

Una vez establecidos estos dos modos de habitar básicos en relación a la estructura árbol a través de la referencia a la obra de Kazuo Shinohara, y de haber resaltado algunas de las particularidades de estas arquitecturas, así como la necesaria implicación del habitante en la experimentación de un espacio no convencional y de carácter simbólico, podemos avanzar hacia proyectos más próximos en el tiempo, cuya espacialidad podrá entenderse por la adscripción a estas tipologías.

Fig. 3.6 - Sección de la Casa Tanikawa por la zona con suelo de tierra. Dib. Autor del libro.

En 2009, el Victoria & Albert Museum de Londres invitó a diecinueve equipos de arquitectos de diversas nacionalidades a elaborar la instalación de pequeños pabellones efímeros, vinculados a espacios concretos del museo, que debían materializar una reflexión arquitectónica sobre las ideas de retiro y refugio. Entre estos equipos, el del japonés Sou Fujimoto propuso el pabellón "Inside/Outside Tree", presentado a través de dos maquetas construidas en material acrílico y resina epoxi con la forma de una pequeña caja cúbica de unos 20cm de lado. En la primera de ellas un árbol transparente se situaba en el centro del espacio y de él colgaban una serie de planos de formas orgánicas que cerraban parcialmente las caras del cubo. El elemento central representaba un árbol más o menos realista con las ramas ocupando buena parte del espacio interior a diferentes alturas, además de servir como el elemento sustentante de los cerramientos. En todo caso, este cubo conformaba un espacio único en cuyo centro y como origen de la arquitectura se situaba el árbol. Podríamos entender, en base a esto, que la idea que planteaba Fujimoto era la de un retiro vinculado a un refugio mínimo apoyado en un árbol.

Una segunda maqueta, de una dimensión algo menor, reflejaba una versión algo diferente de la misma idea del árbol contenido en el cubo, y sería la que finalmente se construiría a escala real para la exposición 1:1 Architects Builds Small Spaces de 2010. En este caso, Fujimoto recurre a un mecanismo totalmente opuesto al anterior, al abstraer por completo la figura del árbol, tronco y ramas, y dar lugar a una serie de planos triangulares que se van uniendo para dar forma al cubo exterior. En su interior se van generando espacios vacíos abiertos y cerrados, accesibles e inaccesibles, por la unión de los diferentes planos triangulares de diferentes tamaños. Esto representa la idea de un árbol como fragmentación de diversos espacios superpuestos que configuran, al unirse, la imagen final.

Dado el pequeño tamaño del pabellón finalmente construido, de tan sólo 3m de altura, la idea de conseguir espacios vivideros entre las ramas no se pudo desarrollar, primando finalmente la sensación de que lo que se ha construido es la idea de elemento cobijo contenido en el espacio interior del cubo, similar a la de la primera maqueta. En todo caso, de la unión de ambas, puede deducirse el planteamiento conjunto de las dos ideas a las que nos hemos referido anteriormente, en un mismo objeto. Esta misma conjunción podemos observarla a una escala mayor en el proyecto de la Casa Árbol Interior-Exterior (2008), una idea apenas desarrollada por Fujimoto mediante croquis y alguna sencilla maqueta, y en la que se

Fig. 3.7 - Maquetas de las dos versiones propuestas por Sou Fujimoto para la exposición que se celebró en el año 2010 en el Victoria & Albert Museum de Londres. Propuesta de pabellón "Inside/Outside Tree". Sou Fujimoto, 2009.

amplía, al menos de forma teórica, la posibilidad de crear un espacio vividero formado por la fragmentación de espacios menores superpuestos e interconectados creados por la conjunción del elemento árbol y un contenedor que actúa como forma aglutinadora y define el perímetro exterior (Fujimoto, 2018, 66-7).

Estos ejemplos, al tratarse de pequeñas instalaciones y obras poco desarrolladas que no comportan una verdadera formalización arquitectónica, nos permiten visualizar de forma sencilla estas dos ideas básicas de la relación entre el elemento o elementos árbol y el espacio en el que se ubican, a la vez que podemos establecer una diferenciación respecto a los planteamientos de Shinohara. Mientras que en las obras de éste la asociación entre forma y símbolo concreto no se plantea como premeditada, sino que se basa en un entendimiento poético del espacio apoyado en una identificación con metáforas reconocibles (Taki, 1983, 60), en el caso de las obras más actuales la alusión al referente arbóreo es más inmediata y pertenece de forma inseparable al proceso del proyecto, aun cuando pueda tratarse más de una justificación teórica que de una aplicación reconocible.

Comenzando por el planteamiento del árbol cobijo, la solución más básica que encontramos en la que se formaliza esta idea es a través de la disposición de un único elemento que adquiere una posición central en el espacio y actúa como soporte de la cubierta, a través de una estructura horizontal que se genera en continuidad con el propio elemento soporte y en su mismo lenguaje, es decir, emulando una abstracción formal de un árbol.

En el proyecto para el "Kikuchi Pocket Park - site C" (2009), Takao Shiotsuka emplea esta solución en un elemento estancial de un pequeño parque que se ubica delante de un santuario sintoísta. Con esta pieza, formada por listones de madera que se curvan en la parte superior generando una pequeña cubrición, Shiotsuka emula a uno de los árboles sagrados que podemos encontrar en los recintos de estos santuarios. Una solución similar la empleará en el espacio interior de una de las salas de viajeros del aeropuerto de Oita (2012). En el acondicionamiento de este espacio empleará listones de madera curvados en varios puntos, dando lugar a una forma algo menos abstracta y más compleja. Este tipo de soluciones se ha empleado de forma extensa en el diseño de espacios interiores, como vemos también en el bar 104 Hiroshima (2008) de Suppose Design Office y en el Restaurante Árbol (2010) de Koichi Takada, buscando conseguir la sensación reconocible y placentera de sentarse bajo un árbol a disfrutar de la comida y la bebida.

De entre estas obras, y ya centrados en el ámbito concreto de la vivienda, la propuesta que desarrolla de una forma más completa esta idea es la Casa Árbol (2009) de Mount Fuji Architects. La casa, de una única planta, se compone de un bloque estrecho y alargado, que contiene las zonas de servicio, adosado a un gran espacio de planta casi cuadrada en cuyo centro se sitúa un elemento arborescente construido con listones de madera que se prolongan en forma de vigas hasta unos soportes situados en las fachadas. Realmente, estos listones forman por tanto pórticos sucesivos que se distribuyen radialmente desde el elemento central y van creciendo en altura, actuando como soportes de la cubierta alabeada, pero al quedar integrada en la fachada una de las partes del pórtico se enfatiza la idea de pilar central. Alrededor de este, la planta del espacio principal se divide en cuatro zonas, cuyo suelo se va elevando ligeramente respecto a sus colindantes, marcando una cierta independencia, más virtual que real, entre dichos espacios. El acceso a la casa se realiza a través de la zona de la cocina, el punto más bajo, que cuenta con suelo de hormigón al que los autores se refieren como "suelo de tierra" lo que, junto con la presencia del gran pilar central, puede relacionarse con el *do-ma* y el *daikokubashira*, suelo de tierra y pilar central, de las casas de campo o *minka* (Gallego, 2013, 77), enlazando así con referencias que ya habíamos comentado al hablar de Kazuo Shinohara.

Fig. 3.8 - Espacio interior de la Casa Árbol en Tokio, obra de Mount Fuji Architects (2009). Dib. Autor del libro.

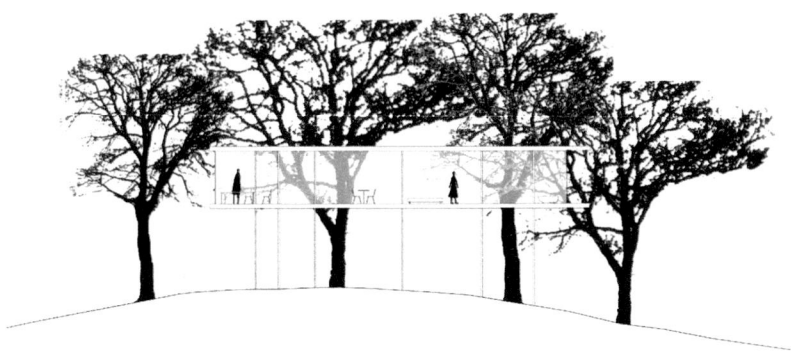

El segundo arquetipo, que supone el habitar en las ramas del árbol, se plantea de la forma más esencial en la Villa en Nueva York (2008) de Ryue Nishizawa, a la que el propio autor denomina como "Tree House" en algunos planos, aunque no se refiere así a ella en las publicaciones[8]. Se trata de un proyecto no construido, que cuenta con varias versiones, de una vivienda de verano situada en un bosque a unas tres horas en coche de la ciudad de Nueva York. El programa es sencillo y se distribuye en una única planta, delimitada entre dos forjados de perfil sinuoso, elevadas del suelo unos 5,5m y soportada por esbeltos pilares circulares. En una de las propuestas publicadas, el espacio interior, delimitado por planos curvos continuos de vidrio, es unitario, dejando una veranda conformada por los forjados en el perímetro. Otra de las propuestas, la que más se repite en las publicaciones, distribuye el programa entre dos zonas cerradas que dejan buena parte de la planta dedicada a un espacio cubierto pero abierto al exterior. El acceso a la vivienda se realiza a través de una larga rampa curvada que permite disfrutar del contacto con los árboles próximos según se asciende a la casa, convirtiéndose en una rampa escalonada en la segunda propuesta, en la que aparece, además, una escalera que caracol que comunica el espacio de la vivienda con el suelo del bosque de manera más directa. La referencia arbórea en el proyecto es doble y no unitaria, sino fragmentada. Por un lado, la encontramos en la sección con los esbeltos pilares y el espacio habitable elevado del suelo, una clara representación de la vida en las ramas a la que nos hemos referido. Aparece también en la propia forma sinuosa de la planta, que se asemeja a una forma de representación de una masa de arbolado que podemos encontrar en diversos proyectos de diferentes autores.

Fig. 3.9 - Sección de la Villa en Nueva York de Ryue Nishizawa (2008). Dib. Autor del libro.

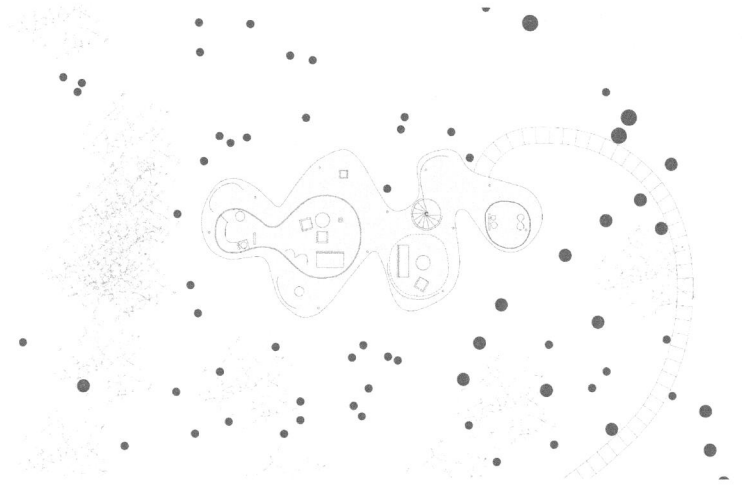

Al contrario de lo que ocurre en la mayoría de los proyectos que trataremos en este apartado, esta forma es exenta y no queda recogida dentro de otra forma contenedora de mayor dimensión, al comprender la configuración global del edificio y no solamente la de elementos estructurales. Sin embargo, al quedar la experimentación del espacio interior de la arquitectura reducida a la única planta de la vivienda, ya que apenas se producen interacciones con el bosque que queda debajo de la casa, es muy complicado establecer en esta obra las cualidades simbólicas del espacio a las que hemos aludido, teniendo mucha mayor repercusión la relación entre el edificio y su entorno. De ahí la esencialidad que podemos comentar respecto a la idea de habitar las ramas y la menor complejidad espacial que esta forma desarrolla en comparación con otras. Sin embargo, son interesantes los paralelismos que, precisamente por esta diferenciación, podemos establecer entre esta obra y planteamientos propios de autores destacadas del siglo XX. Así, la casa puede entenderse como una cierta reinterpretación de la Casa Farnsworth (1950) de Mies van der Rohe, actualizada a través de la referencia a las curvas y formas naturales convertidas en elementos arquitectónicos que podemos ver en la obra de Óscar Niemeyer[9], cuya Casa das Canoas (1953) podría ser un claro ejemplo. En relación a este, debemos señalar también el paralelismo entre la larga y curvada rampa planteada por Nishizawa y soluciones similares, aunque más sencillas, empleadas por el brasileño, como las que vemos en la propuesta de Hotel en Pampulha (1943) o en el Pabellón de Brasil en la Feria Mundial de Nueva York (1939).

Fig. 3.10 - Planta de la Villa en Nueva York. Dib. Autor del ibro.

En la Casa Okinaki ("Gran árbol", 2008) el estudio SUEP, formado por Hirokazu y Yoko Suemitsu, planteó una solución que da lugar a relaciones espaciales interiores de cierta complejidad, semejantes a las planteadas en alguna obra ya mencionada. La casa, un prisma aproximadamente cúbico y de planta cuadrada, se divide al interior en cuatro zonas mediante un elemento central de carácter murario con planta en forma de cruz. La sección de esta pieza varía con la altura, desde un tamaño más reducido en la zona inferior hasta ocupar toda la anchura de la planta al llegar a la cubierta, siendo éste el elemento que representa al gran árbol. Alrededor de este, se van organizando los diferentes espacios de la casa, que se apoyan en el elemento central que actúa como soporte, y se encadenan conforme se asciende en un movimiento continuo, volcando unos sobre otros dada su posición relativa en sección. Algunas de las plataformas ocupan uno, dos o los cuatro cuadrantes de la planta, y el programa se va distribuyendo de la parte más pública a la más privada, en un sentido ascendente. Los espacios interiores están abiertos entre sí, sin tabiques u otros elementos separadores, y es la propia forma del elemento central, cuyo borde libre es curvo y cuyo tamaño va aumentando hacia las plantas superiores, la que ayuda a matizar la privacidad entre los espacios.

Fig. 3.11 - Vista conceptual del espacio interior de la Casa Okinaki de SUEP (2008) con el elemento soporte central en color gris. Dib. Autor del libro

El proyecto, según los autores, se basa en la traducción arquitectónica "de un tipo de sensación primitiva: disfrutar y relajarse bajo un gran árbol convertido en espacio residencial" (Pasajes de arquitectura, 2009, 68). Por lo tanto, y siguiendo los planteamientos que nosotros hemos establecido, podemos entender que esta obra combina ambas ideas, ya que se trata de un espacio que se desarrolla en continuidad bajo un elemento árbol protector, como indican los autores, a la vez que se configura a través de plataformas estanciales, el ramaje, que se van colocando a diferentes alturas apoyadas en el elemento central.

Otro proyecto que combina ambas ideas, de forma aún más compleja, es la Casa en Kasamatsu (2013) de Katsutoshi Sasaki. Se trata nuevamente de un volumen prismático de planta rectangular y exterior de color oscuro, en cuyo interior se dispone una escalera de caracol en el centro de la planta que actúa como organizador del espacio. Del volumen que conforma la escalera, y a diferentes niveles, cuelgan una serie de cajas y plataformas que van ocupando el espacio sin llegar hasta la fachada en algunos casos, y en cuyas paredes se abren vistas hacia el espacio vacío que queda entre el cerramiento exterior y las propias cajas. Dicho espacio interior, con paredes

Fig. 3.12 - Maqueta conceptual de la Casa en Kasamatsu. Katsutoshi Sasaki, 2013.

Fig. 3.13 - Espacio interior de la Casa en Kasamatsu. En la imagen se aprecia la estructura arbórea recogida dentro del contenedor que define el cerramiento perimetral. Katsutoshi Sasaki, 2013.

de color blanco, puede entenderse como un espacio único de sección compleja que se encuentra bajo el elemento árbol que configuran el conjunto de escalera, cajas y plataformas, mientras que éstas, cuyas paredes y suelos interiores son de madera, serían los habitáculos ubicados en el ramaje. En este caso, y a diferencia de lo que ocurría en la obra anterior, cada espacio tiene su propio cerramiento que lo independiza del resto, a la vez que sus suelos están en niveles diferentes, hecho que posibilita un complicado encaje con la escalera de caracol central. En una aproximación aún más elaborada a las sensaciones que se podrían experimentar al estar en las ramas de un árbol, cada estancia tiene una altura libre y posición relativa diferentes, lo que aprovecha el autor para, además, abrir huecos de tamaños diversos ubicados en posiciones casi arbitrarias, provocando miradas e iluminaciones cruzadas entre los espacios.

Sorprende como esta configuración interior que da lugar a un elemento de reminiscencias arbóreas, pero encerrado en un volumen contenedor exterior, tiene grandes similitudes con la forma y el concepto de la casa "On the cherry blossom" (2008) de Junichi Sampei, en la que una serie de volúmenes cúbicos cuelgan de una especie de estructura fuste que contiene una escalera de caracol y que actúa como elemento organizador de la vivienda, es este caso una forma exenta. Como señala Pedro Luis Gallego, este esquema, compuesto por un elemento estructural y de circulación vertical del que cuelgan cajas estanciales en voladizo y a diversos niveles puede evocar planteamientos desarrollados por los arquitectos Metabolistas, adaptados a la escala de una vivienda unifamiliar (Gallego, 2013, 77).

En el último proyecto que recogemos se produce la mayor abstracción posible de la idea de habitar en las ramas de un árbol. Se trata de la Casa Na (2011) de Sou Fujimoto, levantada en la zona de Nakano, en Tokio. En este caso no hay referencia formal alguna al árbol ni espacio en el que pueda apreciarse la idea de cobijo. La casa se compone de múltiples plataformas a diferentes niveles en los que se trabaja sobre la idea de la fragmentación del programa y de las funciones que se llevan a cabo en los espacios de la vivienda. Puede entenderse que la casa está formada por múltiples "cajas" delimitadas por un suelo, cuatro barras verticales, una en cada esquina, y una "cubierta" o plataforma horizontal que la cierra en la parte superior, actuando a la vez como suelo en otra de las cajas. Casi como si se construyera a partir de elementos baldaquino o mesa, una de las abstracciones máximas que se pueden generar de la idea de "arquitectura", superpuestos. La disposición de estos espacios en contigüidad, de diversas alturas libres

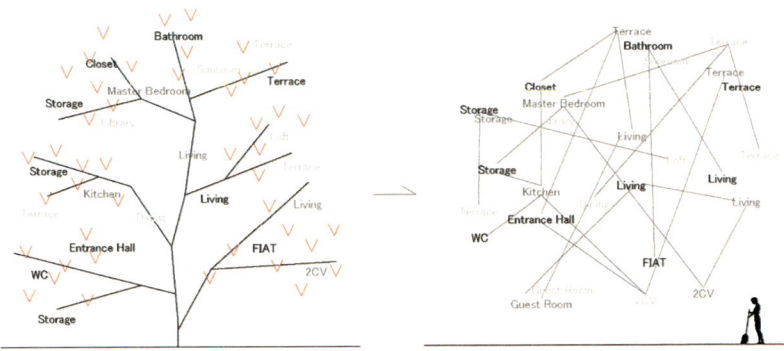

y tamaños, permite el uso de diferentes niveles a la vez, en los que las plataformas pueden actuar como suelo o ser entendidas como lugares en los que sentarse, apoyarse, etc. según su altura (Ontiveros, 2014, 169).

Toda esta configuración parte del propio entendimiento del habitar planteado por los clientes, que se definen como "nómadas" del espacio doméstico, sin establecer funciones fijas vinculadas a los espacios, sino que los van ocupando y utilizando según se adaptan a sus necesidades del momento[10]. En este planteamiento radica el paralelismo que establece Fujimoto con la idea de vivir en un árbol, lo que expresa en los siguientes términos:

> *(...) pensé que [esta forma de utilizar el espacio] no era algo específico de un cliente, sino algo más común de nuestro estilo de vida, que es como vivir en un árbol: subes a las ramas y puedes encontrar un espacio cómodo, y después puedes subir y bajar... Así, en los árboles encuentras varios espacios confortables, y te mueves, eliges espacios.* (Ontiveros, 2014, 168)[11].

Esta superposición de plataformas que crea espacios interconectados no es, sin embargo, algo específico de este proyecto ni de la idea de árbol en la obra de Sou Fujimoto, sino que forma parte de una investigación proyectual más amplia que el autor lleva desarrollando a partir de su propuesta de la Casa del Futuro Primitivo (2001). Dicho proyecto se compone únicamente de plataformas dispuestas en niveles de 35cm de altura formadas

Fig. 3.14 - Esquema conceptual de la Casa Na en Nakano, Tokio, obra de Sou Fujimoto (2011). Sou Fujimoto Architects, 2011

Fig. 3.15 - Casa Na en Nakano, Tokio. Fot. Autor del libro, 2016.

por un suelo y una estructura triangulada de perfiles verticales y diagonales apoyadas unas en otras, a la vez que se van desplazando en horizontal generando una continuidad de espacios escalonados. Estas plataformas configuran tanto las zonas interiores como exteriores de la vivienda y actúan como suelo, techo y mobiliario. Este planteamiento, según el propio Fujimoto, supone una necesaria conciencia corporal en la interacción entre el cuerpo y el espacio, y es el usuario el que va decidiendo como habitar estas "topografías" (El Croquis, 2010, 22).

Fig. 3.16 - Maqueta de la Casa del Futuro Primitivo de Sou Fujimoto (2001). Exposición "Sou Fujimoto. Futurospective Architecture", Trienal de Arquitectura de Lisboa. Jesús J. Ruiz Alonso, 2013.

Fujimoto desarrollará esta idea en otras propuestas que tienen mucho que ver con la Casa Na, como el propio autor reconoce (Fujimoto, 2018, 48). Tal es el caso de la Casa Taller en Hokkaido (2005), en el que varios cajones de diferentes alturas se superponen ligeramente desplazados unos respecto a otros generando las zonas funcionales gracias al vaciado de áreas de forjado y la interconexión de espacios que esto permite.

También aplicará esta idea en la Casa de Madera Definitiva (2008), una instalación temporal levantada en Kumamoto y en la que investiga sobre la idea de arquitectura como cueva. Esto se materializa en una vivienda de forma cúbica construida mediante el apilamiento de tablones de madera de sección cuadrada de 35x35cm. Estas dimensiones y sus módulos, que repiten las de las plataformas de la Casa del Futuro Primitivo, responden, según Fujimoto, a las alturas de los diferentes planos en los que se realiza la actividad humana: altura de un escalón, de una silla, de una mesa, etc. (2G, 2009, 60). Los tablones tienen además longitudes variables, por lo que, de su apilamiento y agrupamiento se generan espacios vacíos a diferentes niveles que van generando las diversas áreas en las que se desarrolla la actividad humana.

Fig. 3.17 - Maqueta de la Casa Taller en Hokkaido de Sou Fujimoto (2005). Exposición "Sou Fujimoto. Futurospective Architecture", Trienal de Arquitectura de Lisboa. Jesús J. Ruiz Alonso, 2013.

Podemos entender entonces que la Casa de Madera Definitiva y la Casa Na son dos desarrollos basados en la aplicación de los arquetipos espaciales de la cueva y el árbol, respectivamente, al sistema generador a base de plataformas superpuestas que es la Casa del Futuro Primitivo. En el primer caso, por el apilamiento de elementos macizos que generan vacíos irregulares conformando el espacio interior de la vivienda. En el segundo, a través del apilamiento de "cajas" espaciales con sus límites apenas definidos configurando una suerte de espacio único continuo-discontinuo, en una convivencia de planteamientos opuestos característica de la arquitectura de Fujimoto. En estos sistemas de repetición y apilamiento de formas sencillas y abstractas, cajas, formas reticulares, o incluso de elementos como los tablones que pueden entenderse como objetos industriales dados, se aprecia cierto paralelismo con la obra de algunos autores del Minimalismo, especialmente de las retículas tridimensionales de Sol Le Witt o de algunas composiciones de Carl André, como "Objeto de Madera" (1964-70) y otras que emplean piezas similares (Marchán, 1985, 41-3). La influencia de estos autores era ya apreciable en otros arquitectos japoneses, como Arata Isozaki o Hiromi Fujii, que trasladaban ideas presentes en las composiciones Minimalistas al ámbito de la arquitectura, especialmente en obras de los años 70 y 80 del siglo XX (Stewart, 1987, 252). Fujimoto actualiza dichas formas trabajándolas, en algunos casos, con un mayor grado de libertad que los anteriores, al huir de formas puras utilizadas como elementos base de la repetición y de composiciones rígidas creadas a partir de una reiteración directa de un único elemento, distorsionando los límites y las formas en la incorporación concreta del elemento base al espacio de la obra arquitectónica, como se aprecia especialmente en la Casa Na[12].

Fig. 3.18 - Carl André, Uncarved Blocks (1975). Exposición "Carl André: escultura como lugar, 1958-2010", Palacio de Velázquez, Museo Nacional Centro de Arte Reina Sofía. Fot. Autor del libro, 2015.

En estas obras podemos ver planteamientos que se alejan de la idea convencional de vivienda como arquitectura de una funcionalidad estricta, dejando paso a la incorporación de valores simbólicos en el espacio doméstico que lo asocian a analogías espaciales que lo dotan de cierta complejidad. Aparece además, en algunos casos, una idea de centralidad simbólica vinculada a los elementos estructurales, que puede ser más conceptual que estrictamente geométrica. En estos casos, podemos entender que se establece un cierto paralelismo con diversas formas de la arquitectura tradicional, en las que algún elemento estructural de carácter simbólico ocupaba un lugar central en el espacio, como el *daikokubashira* de la *minka*, el *shin no mihashira* de los templos sintoístas o el pilar del *tokonoma*, entre otros (Nakagawa, 2016, 165).

Todos estos autores parecen suscribir las reflexiones de Shinohara en torno a la idea de la casa como dispositivo de emoción y como campo de experimentación espacial. La casa se convierte en un conjunto de experiencias basadas en una conciencia corporal activa y en la que es necesario el compromiso de los usuarios para su posible habitabilidad, frente a una idea meramente funcionalista de la casa como espacio de una domesticidad complaciente (Massip-Bosch, 2016, 66-74).

Fig. 3.19 - Casa de Madera Definitiva en Kumamoto, obra de Sou Fujimoto (2008). Kenta Mabuchi, 2008.

Notas

[1] Es curioso comprobar cómo Tange apenas construyó un par de viviendas unifamiliares en toda su trayectoria, una de ellas su propia casa. Del resto de arquitectos asociados al grupo Metabolista o afines a él, quizá el que más se ha prodigado en este ámbito sea Arata Isozaki, aunque pocas de sus viviendas unifamiliares suelen considerarse entre sus obras más destacadas. Podríamos citar las casas Nakayama (1964) y Yano (1975) entre estas. En todo caso, entre las viviendas unifamiliares proyectadas por todos ellos, probablemente podamos considerar la Sky House, que Kiyonori Kikutake levantó para sí mismo en 1958, como la que ha alcanzado un mayor reconocimiento y relevancia (Stewart, 1987, 195-198).

[2] En este sentido, el propio Shinohara afirmará, en reacción a las propuestas planteadas por sus coetáneos, que "si su lógica era el racionalismo, entonces la mía pasó a ser el irracionalismo" (2G, 2011, 270).

[3] "Para Shinohara, la arquitectura ha sido desde el principio un problema que tiene que ver con la búsqueda de establecer significados en los lugares en los que viven las personas, a través del uso de elementos estructurales". Koji Taki (Taki, 1983, 60).

[4] "(…) en esta estructura intrínseca de sus trabajos podemos intuir la presencia de metáforas profundamente enraizadas en la cultura y su inconsciente colectivo". Koji Taki (Taki, 1983, 60).

[5] En este sentido, Shinohara dirá que "la tradición puede ser un punto de partida para la creación, pero nunca un lugar al que volver". (2G, 2011, 7).

[6] David B. Stewart se refiere a estos elementos estructurales con los términos "orden forestal" (Stewart, 1987, 45). Una analogía similar aparece también planteada por Enric Massip-Bosch (2G, 2011, 15) y Shinichi Okuyama (2G, 2011, 45).

[7] La alusión a los requisitos planteados por el cliente la cita Enric Massip-Bosch (2G, 2011, 15) y aparece también en la descripción de la casa recogida en la misma publicación (2G, 2011, 132).

[8] Esta casa tiene diferentes denominaciones según la publicación en la que aparezca recogida. Nosotros hemos tomado la que se repite en más ocasiones: "Villa en Nueva York". Aparece nombrada así en (El Croquis, 2011, 240), y en (GA Architect, 2011, 188).

[9] Esta relación entre SANAA, el estudio formado por Kazuyo Sejima y Ryue Nishizawa, y Oscar Niemeyer la desarrollaremos de forma más extendida en el apartado "El edificio bosque. Cubierta y entramado".

[10] Entrevista a Sou Fujimoto, en (Ontiveros, 2014, 168). Julian Worrall se refiere a este modo de habitar, que Fujimoto propone en diversos proyectos, como "un modelo (…) basado en la exploración, parecido al de los pájaros en el bosque o al de los niños en un parque infantil". (2G, 2009, 17).

[11] Entrevista a Sou Fujimoto, en (Ontiveros, 2014, 168). El texto entre corchetes es del autor del presente texto.

[12] A nuestro juicio, esta influencia está presente en numerosas obras de Fujimoto, como la propia Casa Na a la que aquí nos referimos, pero también en el Pabellón para la Serpentine Gallery (2012) o en su propuesta para la exposición "Architecture for dogs" (2012), entre otras.

Y toda esta extraordinaria vegetación desértica muestra la economía de edificación científica en el modelo de sus construcciones. Los tallos, sobre todo, enseñan a cualquier arquitecto o ingeniero que sea lo suficientemente modesto e inteligente para admitir que puede aprender. Frank Lloyd Wright (Álvarez, 2007, 196-7).

Estos árboles son magníficos, pero aún lo es más el sublime y conmovedor espacio entre ellos. Rainer Maria Rilke citado por Oscar Niemeyer (Philippou, 2008, 346).

El bosque como investigación estructural
Toyo Ito y el espacio metafórico

Espacios metafóricos. Del jardín al bosque

En una de las múltiples ocasiones en las que describe las ideas asociadas a su proyecto para la Mediateca de Sendai (1996-2001), Toyo Ito comenta lo siguiente:

> (…) la imagen de 'onda' se convirtió en una imagen de 'bosque'. Al caminar por un bosque estoy seguro que todos percibimos sus diferentes microentornos: zonas con luz de sol y rincones húmedos ensombrecidos, cada uno de ellos con su atmósfera propicia para actividades distintas. Intenté traducir esa imagen mediante el menor número posible de paredes o salas segregadas, creando en su lugar una sucesión de lugares entre los tubos. (Ito, 2005, 29).

Será en este edificio, y en la asimilación que Toyo Ito plantea entre el espacio interior y la imagen del bosque, que se condensarán algunas de las búsquedas recurrentes de la arquitectura del siglo XX, tanto en un ámbito propiamente japonés como a nivel internacional, suponiendo además la cristalización de algunos ideales propios de su autor. Vayamos por partes.

Para comenzar, debemos referirnos a Toyo Ito como una figura en la que se produce la unificación de los ideales provenientes de dos referentes aparentemente antagónicos en el ámbito de la arquitectura moderna japonesa: Kazuo Shinohara, por un lado, y los arquitectos del grupo Metabolista, por otro[1]. Del primero, a efectos del discurso que nos ocupa, Ito toma, entre otros aspectos, la búsqueda de un espacio simbólico y cargado de significado, aunque abstracto y no ligado a un formalismo inmediato, en el que la estructura cobra un papel determinante en dicha configuración (Massip-Bosch, 2016, 66-74). Mientras que de los Metabolistas toma cierta imaginería, sobre todo asociada a Kikutake, con el que Ito colabora al principio de su carrera, y a algunas obras de Maki, además de dos aspectos clave. Por un lado, la sustitución de la importancia de la noción de "función" en favor del simbolismo de la estructura, ya planteada por Tange (Stewart, 1987, 175)[2], y, por otro, el uso de la metáfora como mecanismo que genera una imagen que se convertirá en la esencia del objeto arquitectónico, propia de Isozaki (Drew, 1983, 197). Al igual que para este, en el caso de Ito la metáfora no se empleará de forma directa y unívoca, sino que se producirá una superposición de diversas analogías que darán forma a la imagen final (2G, 1997, 10).

Jennifer Taylor se refiere a la metáfora del bosque como evolución de la idea de arquitectura como jardín imaginada por Ito (2G, 1997, 11), en la que esta idea de jardín no se corresponde con una imagen específica, sino con el entendimiento del edificio como una superposición de ambientes que el usuario va descubriendo conforme lo recorre y que se van uniendo sin establecer unos límites muy marcados, pero que, a la vez, conforman una imagen de conjunto unitaria y fácilmente comprensible (Ito, 2000, 142).

Según Jennife Taylor, Ito emplea la metáfora del bosque a partir del proyecto del Museo Municipal de Yatsushiro (1988-91), y es igualmente reconocible en tres obras posteriores: la Residencia de Ancianos (1992-93) y la Estación de Bomberos (1992-95), ambos ubicados también en Yatsushiro, y en el Teatro y Sala de Conciertos L en Nagaoka (1993-96) (2G, 1997, 11). En estos proyectos, la idea de bosque puede asociarse a la importancia compositiva y organizativa de la estructura vertical, concretamente de los pilares, en los espacios más representativos del edificio.

Ito se refiere al Museo de Yatsushiro como un "jardín del viento", apoyándose en la imagen característica del edificio, la que le confieren las ligeras bóvedas metálicas que conforman la cubierta de la planta superior, y que se asemejan a velas cuyo despliegue ha sido provocado por corrientes de aire provenientes del espacio inferior, como un "viento que pasa a través de un bosque". Este bosque lo conforma la estructura del espacio expositivo de la planta inferior, que evoca la imagen de "un grupo de árboles que crecen al azar", de tal manera que el edificio pasa a entenderse como esa super-posición de imágenes a la que antes nos hemos referido (Ito, 2000, 145).

Será esta configuración de un grupo de pilares dispuestos al azar la que supone la más característica manifestación de la imagen de bosque en la obra de Toyo Ito. Mediante la identificación y el análisis de este patrón en diferentes obras, matizada y ampliada en algunas de ellas, reconstruiremos su presencia y evolución, y sus diferentes configuraciones específicas.

En todo caso, es necesario aclarar previamente otra particularidad que re-laciona el uso de esta estructura de referencia arbórea con la arquitectura del Movimiento Moderno, y en concreto con las retículas estructurales pro-puestas por Le Corbusier y Mies van der Rohe. Y es que, para Ito, la es-tructura no puede ser ya un elemento neutral en la definición del espacio, ni responder a una disposición abstracta, sino que un uso de la estructura de carácter concreto puede convertirse "en un medio para acercar la natu-raleza directamente a través de la revelación de las fuerzas estructurales" (Ito, 2012, 124). Será la asociación con las figuras del árbol y el patrón del bosque la que la dotará "del tipo de fuerte simbolismo que la arquitectu-ra moderna rechazó en su camino hacia la depuración iconográfica" (Ito, 2005, 78). Es por esto que en las obras de Ito será posible hacer referencia a esa retícula estructural planteada por Le Corbusier y Mies, no por su uso, sino por la diferenciación que se plantea respecto a ella[3].

Comenzaremos nuestro análisis retomando precisamente las cuatro obras en las que Taylor señala la presencia de la imagen del bosque. Así, en al-gunos croquis iniciales del Museo de Yatsushiro, Ito plantea una cubierta ligera y fragmentada que cuelga de unos soportes verticales que sobresalen por encima de ella, en una especie de metáfora marítima semejante a la planteada por Arata Isozaki en el Centro de Exposiciones del Japón Occi-dental (1975-77), y que se concretará posteriormente en las bóvedas me-tálicas con forma de vela. En estos croquis preliminares, los pilares, como grandes mástiles, cobran una mayor importancia a la hora de configurar la imagen del edificio que en la solución finalmente construida, en la que son las cubiertas las que cumplen esta función, pasando prácticamente desa-percibidos los elementos estructurales verticales en la primera planta, aun cuando se pintan de colores brillantes para remarcar su presencia.

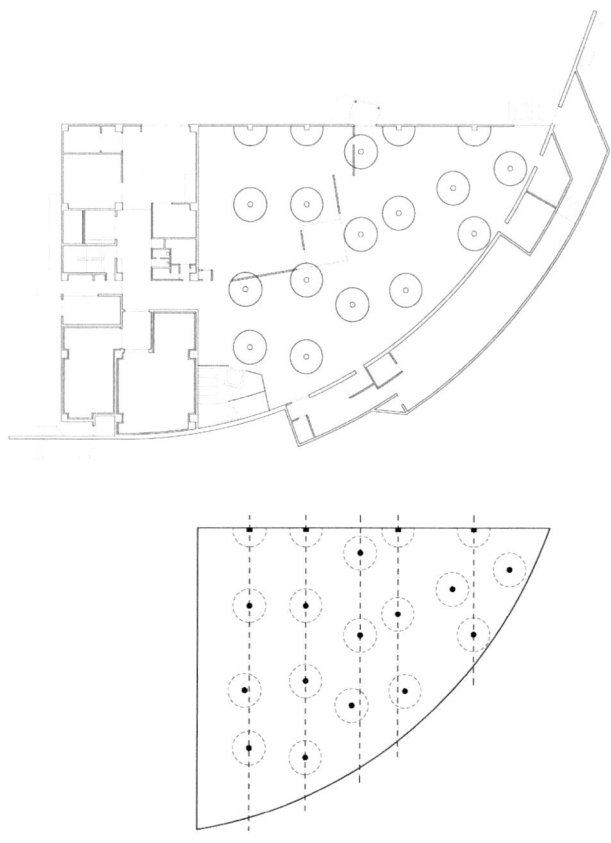

En la planta inferior, en la que, según las palabras de Ito, la metáfora del bosque se manifiesta claramente, dicha imagen está más presente en el concepto que en la percepción real del espacio. Si bien es cierto que los pilares de hormigón no siguen una distribución basada en una retícula estrictamente definida, aunque sí mantienen ciertas alineaciones entre ellos, la escasa altura del espacio, el grosor de los propios pilares y los elementos de mobiliario y las particiones que lo fragmentan, impiden casi cualquier visión de conjunto que permita una clara lectura de la distribución de los pilares y la asociación con cualquier imagen reconocible.

Fig. 4.1 - Planta inferior del Museo Municipal de Yatsushiro de Toyo Ito (1988-91) y análisis compositivo de la planta donde se marca la alineación de los pilares. Dib. Autor del libro.

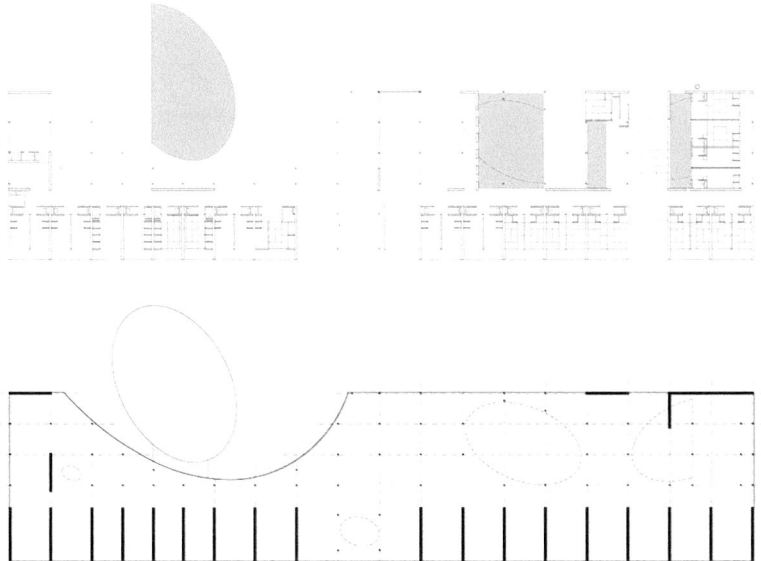

En los proyectos de la Estación de Bomberos y la Residencia, Ito recurre a la comparación con dos obras de Le Corbusier a la hora de explicar algunas de las ideas, así como la propia imagen del edificio. Así, el edificio de la Residencia puede entenderse como una gran cubierta independiente bajo la cual se desarrollan una serie de volúmenes que contienen el programa funcional, asemejándose a lo que ocurre en el edificio del Palacio de Justicia de Chandigarh (1951-56) (Ito, 2000, 156-8). A diferencia de lo que vemos en este, en el proyecto de Ito la independencia de la cubierta no está tan marcada, ya que se encuentra pegada a los volúmenes inferiores en buena parte del perímetro. Es en las zonas en las que la cubierta se aprecia como un elemento independiente, sobre todo en el acceso y en la parte trasera, que puede verse cierta semejanza con el patrón bosque al que nos hemos referido, precisamente por ser estos los puntos en los que los delgados pilares metálicos de color blanco que la sustentan son más visibles, ya que en el resto del edificio quedan ocultos o son sustituidos por pantallas de hormigón.

Fig. 4.2 - Planta superior de la Residencia de Ancianos en Yatsushiro de Toyo Ito (1992-93) y análisis compositivo de la planta donde se señala la retícula estructural. Dib. Autor del libro.

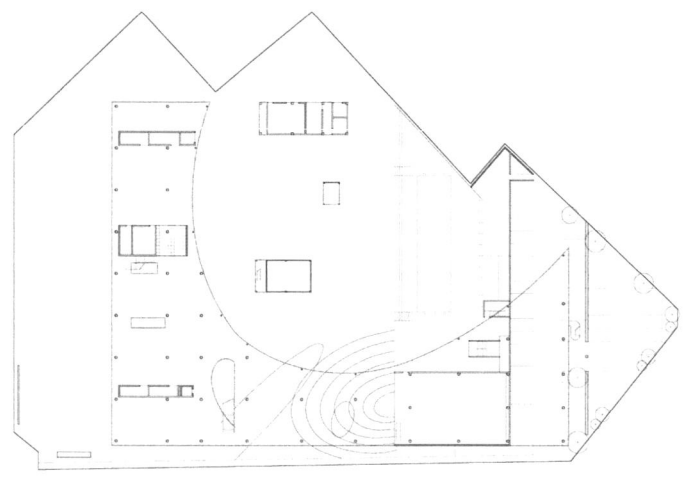

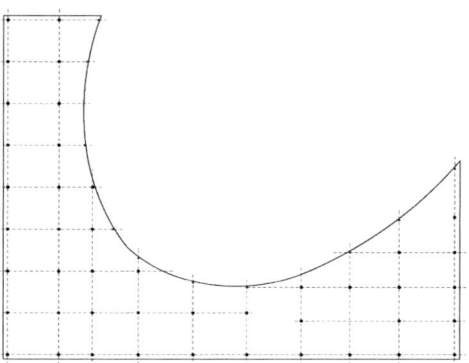

La posible asociación que Ito establece con la obra de Le Corbusier es visible principalmente en la disposición de los pilares, ya que en este proyecto su adhesión a una retícula estructural casi uniforme es muy palpable, y tan sólo se ve modificada en la parte trasera, al recortarse la cubierta mediante una forma curva. En todo caso, la modificación de la posición de los pilares no responde tanto a un recurso expresivo como a la adaptación de la estructura a las restricciones geométricas a que la somete la propia forma de la cubierta.

Fig. 4.3 - Planta baja de la Estación de Bomberos de Yatsushiro de Toyo Ito (1992-95) y análisis compositivo donde se señala la retícula estructural. Dib. Autor del libro.

Esta misma adhesión a la retícula del Movimiento Moderno está presente en el proyecto de la Estación de Bomberos, matizada por la propia forma del edificio, cuya imagen Ito relaciona con la Villa Saboya (1929), al tratarse de una caja que flota sobre delgados pilotis liberando el espacio en planta baja. Este espacio puede considerarse el más representativo del proyecto, ya que, además, Ito lo plantea como un área cedida a la ciudad que puede ser ocupada libremente por los ciudadanos, y en el que la metáfora del jardín toma la forma de un parque (Ito, 2000, 158).

Aquí observamos como los pilares adquieren una cierta función representativa, cualificando el espacio junto con los pavimentos que delimitan áreas estanciales. Aun así, no podemos hablar de una manifestación tan clara del patrón bosque, ya que la práctica totalidad de los delgados pilares de color blanco se distribuyen en base a una retícula no del todo uniforme, que se asemeja precisamente a la planteada por Le Corbusier en la Villa Saboya. Apenas unos pocos pilares se desplazan de las referencias establecidas por la retícula estructural, y lo hacen para adaptarse al contorno del paralelepípedo superior con forma de L y cuyo cerramiento interior describe una línea curva, de forma similar a como ocurre en el proyecto de la Residencia.

Es sin duda en el proyecto del Teatro y Sala de Conciertos L en Nagaoka en el que la asociación con la imagen del bosque está más conseguida y el patrón se usa de una manera más clara en la definición del espacio. El edificio se desarrolla en la forma de una gran cubierta ondulada longitudinal de sección y anchura variables a la que se maclan, en uno de los lados largos de la planta, dos volúmenes cerrados, uno de planta ovalada y otro paralelepipédico, que contienen el teatro y la sala de conciertos respectivamente. Las zonas de servicio se ubican próximas a estos elementos, generando toda una banda "maciza" en un lado del edificio, de tal forma que se libera el resto del espacio bajo la cubierta en la forma de un gran vestíbulo que queda delimitado por estos elementos hacia el norte, abriéndose una gran fachada acristalada hacia el sur. Este gran vestíbulo, de planta alargada y sección variable, es el espacio más representativo del edificio, y se ve cualificado por la presencia de numerosos pilares cilíndricos de color blanco dispuestos de forma aleatoria. Tanto el suelo, continuo y de color oscuro, como el falso techo metálico de lamas, enfatizan la presencia de los delgados pilares, y permiten una visión más unitaria del conjunto. Estos pilares, junto con algunos elementos de mobiliario, irán definiendo las zonas estanciales y de movimiento por el espacio, rasgo que será característico de algunos proyectos posteriores (Ito, 2005, 31).

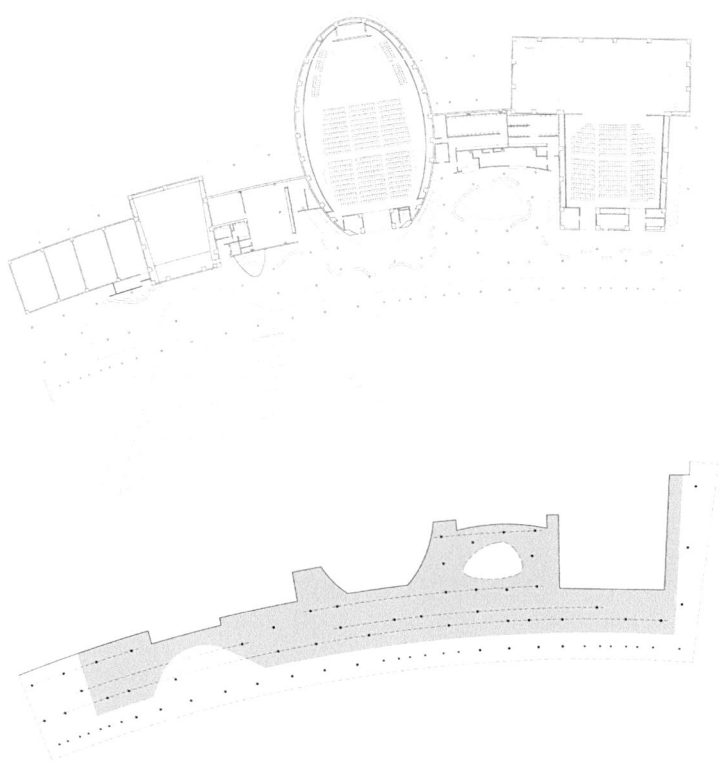

Podemos establecer entonces una serie de claves en la definición de este espacio bosque según lo que hemos visto hasta ahora. Se trata de un espacio interior de marcada continuidad horizontal que queda recogido bajo un plano más o menos continuo, aunque no necesariamente del todo horizontal ni uniforme, en el que se enfatiza la presencia de unos delgados pilares dispuestos aleatoriamente, los cuales definen, junto con el mobiliario, los flujos de movimiento y las zonas de uso del edificio por parte de los usuarios.

Fig. 4.4 - Planta del Teatro y Sala de Conciertos L en Nagaoka de Toyo Ito (1993-96) y análisis compositivo de la posición de los pilares. En gris, el vestíbulo interior. Dib. Autor del libro.

Como hemos visto en los proyectos anteriores, la asociación de la imagen construida con la del bosque no está uniformemente desarrollada, pudiendo considerarse más próxima al referente en unos casos que en otros, si bien es cierto que no en todos ellos se plantea un uso literal de dicho referente. Quizá el cambio fundamental que podemos detectar en proyectos posteriores, en los que la referencia se emplea de manera más literal y que ya está presente de alguna forma en el proyecto de Nagaoka, es la toma de conciencia por parte de Ito de las cualidades necesarias que debe presentar el espacio en el que ubicar esta estructura de carácter simbólico y que reconstruirá la analogía planteada. En concreto, podemos referirnos a la necesaria presencia de un espacio vacío rodeando a la estructura y a su cualidad intersticial como mediador entre estos elementos simbólicos. Ito explica esta idea apoyándose en la imagen de un jardín tradicional japonés:

> *En lugar de pensar en la arquitectura, creo que es mejor imaginar un jardín japonés. Un jardín típicamente tradicional tiene un estanque en el centro y varios elementos alrededor como una casa de té, zonas de descanso y un árbol simbólico. Hay caminos sinuosos en lugar de una trayectoria definida, recta y directa. Las personas que caminan por el jardín pueden decidir por sí mismas los puntos simbólicos a conectar y crear así su propia experiencia en el espacio. (…) Así, en lugar de tener una forma claramente definida para crear un espacio, los espacios intersticiales o huecos creados entre puntos o símbolos tienen una importancia mucho más profunda.* Entrevista a Toyo Ito (Ontiveros, 2014, 64-5).

Antes de referirnos a la imagen del bosque, es posible rastrear en los textos y obras de Ito una identificación más concreta de las cualidades simbólicas del árbol, que señala su capacidad para convertirse en un referente espacial para la arquitectura, una vez que se ha asociado su figura a la de los elementos estructurales. Más aún, podemos referirnos no al árbol como elemento individual, sino a un conjunto de árboles y al espacio que los rodea como catalizadores de eventos humanos vinculados a dichos árboles. La imagen concreta que simboliza esta idea es la de la fiesta de la floración de los cerezos y las celebraciones vinculadas a ella. En estas, las personas levantan pequeñas arquitecturas ligeras y efímeras, como elementos de mobiliario que delimitan y cualifican las zonas ocupadas por aquellos que asisten a contemplar los cerezos.

En la propuesta del concurso del Pabellón Cultural Franco-Japonés en París (1990), Ito emplea por primera vez esta imagen como referente del proyecto, en el que una serie de elementos de formas ovoides actúan como una suerte de nódulos que concentran las funciones simbólicas, y a cuyo alrededor se desarrollan el resto de espacios, contenidos por una fachada continua y ligera que actúa como una especie de membrana permeable que recoge los estímulos del espacio y media en su percepción.

Ito desarrollará esta idea de forma conceptual en su texto "Vortex and current. On architecture as phenomenalism" publicado en 1992. En el texto, al árbol, entendido como elemento simbólico, se le asocia la idea de vórtice, entendido como un objeto que actúa como aglutinador de las actividades humanas, y la de corriente, como la relación entre los diferentes vórtices que pueblan el espacio y las personas que ocupan y se mueven por dicho espacio intermedio. Estos conceptos e imágenes quedan reflejados en varios dibujos, que Ito repetirá a lo largo de los años, los cuales, no por casualidad, serán lo que facilitará a Valerio Olgiati para su libro "Images of architects", en el que se recogen las imágenes que diversos arquitectos reconocen como fuente o inspiración de su trabajo[4].

En el caso de Ito, estas imágenes a las que nos hemos referido, y que hasta el momento se habían mantenido como una fuente de inspiración conceptual, se emplean de forma literal en el proyecto de la Mediateca de Sendai, en el que trece tubos de planta circular y sección variable, y que contienen escaleras, ascensores y otros elementos de servicio, se distribuyen de manera aparentemente aleatoria en un edificio de planta cuadrada y 50 m de lado con seis niveles.

Ito plantea un edificio cuyas zonas funcionales tratan de mantenerse poco definidas, más allá de las diferencias de altura que se establecen entre las distintas plantas, ya que los forjados se distribuyen de forma variable en sección, y de algunas escasas áreas compartimentadas, que en todo caso evitan pegarse a los límites de la planta en la mayoría de los casos, entendiéndose así como otro de los elementos que "flota" en la distribución de la planta.

Esta idea de flotabilidad o fluidez se transmite desde una de las metáforas con las que Ito explica la idea de proyecto, y que alude al entendimiento de la estructura como una entidad biomórfica (2G, 1997, 130), asociada a la imagen de unas algas o plantas que flotan en un gran tanque con agua,

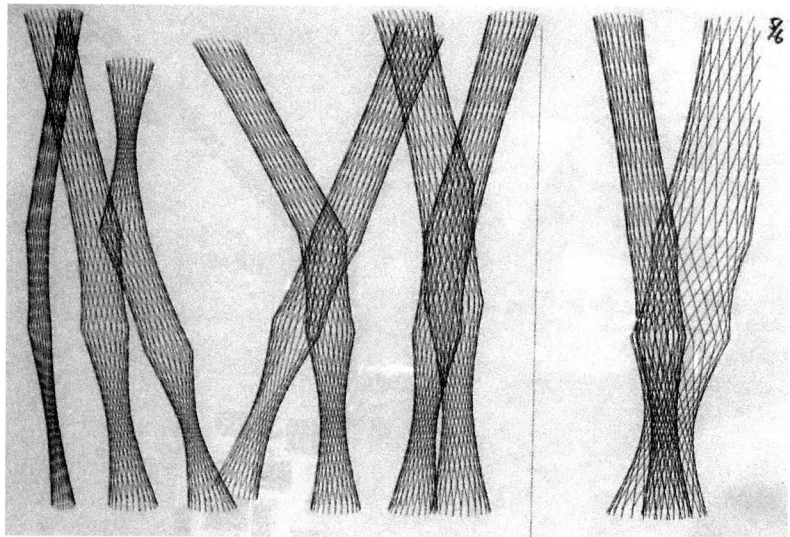

representado por el volumen cristalino del edificio. Esta idea queda reflejada especialmente en algunos dibujos de Ito y, sobre todo, en una maqueta,
ambos desarrollados en la fase de concurso, en los que la presencia de los
cerramientos y forjados se ve reducida al máximo, remarcando el carácter
definidor que tiene la estructura en la propuesta así como la propia continuidad de los tubos.

Siguiendo con esta metáfora acuática y enlazando con la idea de vórtice a
la que ya nos hemos referido y con algunos de los dibujos presentes en el
libro "Images of architects", estos elementos puntuales que son los tubos,
Ito los asocia, en su conceptualización en planta, con rocas lanzadas a una
superficie de agua, lo que genera una serie de ondas que se prolongan
a través de esa superficie líquida, que en el edificio se materializa en el
espacio vacío que queda entre los tubos, conectando precisamente dichos
elementos puntuales a través de la reverberación que produce su presencia
en el espacio. Esta idea se aprecia claramente en algunos de los croquis iniciales de las plantas y mejor aún en dibujos posteriores en los que quedan
recogidos los flujos entre los tubos en las plantas del proyecto construido.
Ito volverá a emplear esta imagen en algunos objetos diseñados en los
años posteriores a la finalización de la obra de la Mediateca, como el banco
Ripples (2003) o el Juego de té y café para Alessi (2005).

Fig. 4.5 - Reproducción parcial de fax entre Toyo Ito y el ingeniero estructural Mutsuro Sasaki
en el que se recoge una fase inicial del diseño de los tubos de la Mediateca de Sendai (1996-
2001). Exposición "Japan-ness", Museo Pompidou de Metz. Fot. Autor del libro, 2017.

La idea compositiva basada en el uso de elementos puntuales distribuidos de forma aparentemente aleatoria en un espacio restringido, los cuales provocan ondas que se extienden por dicho espacio, enlaza, a nuestro juicio, con una de las imágenes más característicamente reconocibles de la cultura japonesa, y en concreto del diseño del jardín, como son los *karesansui* o jardines secos, en los que, habitualmente, una serie de elementos puntuales, las rocas, se colocan sobre una superficie continua y uniforme de grava, que puede representar precisamente una superficie acuática[5]. La posición de estos elementos puntuales sobre la grava, colocados de forma individual o agrupados, genera ondas que se transmiten a través de dicha superficie continua, y nos permiten comprender como esta se ve afectada por su presencia, idea que Ito trasladará en al ámbito del objeto arquitectónico a través de los elementos estructurales y del espacio que queda confinado entre los planos de suelo y techo.

Esta metáfora acuática, a la que Ito se ha referido de forma insistente, es una manifestación de su idea de un espacio virtual contenido en una arquitectura que se entiende como una ligera membrana[6]. Sin embargo, una vez comenzado el proceso de construcción del edificio, esta imagen da paso a

Fig. 4.6 - Jardín este del templo Tōfuku-ji de Kioto, diseñado por Mirei Shigemori. Fot. Autor del libro, 2016.

otras de una materialidad no tan etérea. Así, Ito reconoce que "ciertamente el edificio en construcción no es tan abstracto como el de la maqueta del concurso" (Ito, 2000, 229) y es en este sentido que afirma que la "imagen de 'onda' se convirtió en una imagen de 'bosque'" (Ito, 2005, 29). Esta imagen estaba ya presente, en todo caso, en las ideas que dieron lugar a la propuesta de concurso, en esa superposición de diversas metáforas que da lugar a la imagen del edificio característica de Ito, y acaba cobrando mayor peso en el discurso retórico sobre el edificio conforme se materializa su construcción.

Es en este sentido que podemos constatar la importancia que vuelven a adquirir en los textos de Ito las metáforas del jardín o el parque, transformados en esa imagen de bosque como espacio que permite la generación de lugares:

La sensación (en la Mediateca) es similar a la experiencia que se tiene cuando caminas por un bosque. Por la presencia de los árboles, se producen diferencias entre cada lugar, y se seleccionan los lugares donde la gente realiza sus actividades. (Ito, 2000, 232)

Esta idea de bosque, además, rompe en otro sentido con la imagen abstracta presentada en la maqueta de concurso, ya que el espacio contenido en el edificio, que se entendía como un todo puntualizado por la presencia y continuidad volumétrica de los tubos, pasa a comprenderse como una sucesión de paisajes horizontales en los que, si bien se mantiene cierta idea de continuidad vertical en el interior de los tubos, el espacio queda definido por los fragmentos de tubo-árbol y por el mobiliario único y diferenciado y las particiones que encontramos en cada planta, similar a esa imagen de los cerezos en flor y las construcciones mínimas vinculadas a la festividad del hanami a las que nos hemos referido.

Esta continuidad horizontal que podemos ver en el edificio, enlaza la propuesta espacial de Ito con los espacios continuos y fluidos planteados por el Movimiento Moderno, en concreto con los propuestos por Mies van der Rohe, si bien matizados y rota su uniformidad por la presencia de los tubos[7].

Y es que la Mediateca de Sendai es la gran máquina referencial que resume y aglutina buena parte de los mecanismos arquitectónicos más destacados planteados por la arquitectura del siglo XX[8].

El proyecto se plantea como un sistema, una estructura capaz de responder a múltiples situaciones por su propia indeterminación, ya que huye de una configuración de funciones demasiado específica adaptada a un programa concreto (Ito, 2000, 228). En ese sentido, Ito se refiere a la idea de arquitectura "prototipo" planteada por el "espacio universal" de Mies y por el sistema dominó de Le Corbusier (Ito, 2000,229), y podemos entender que el edificio de la Mediateca recoge ambos planteamientos, como señala Juan Antonio Cortés (El Croquis, 2005, 22). Este introduce, acertadamente a nuestro juicio, la presencia en la obra de otra de las ideas propia de los maestros de la arquitectura del siglo XX como son las "piedras huecas" de Kahn, una estructura que contiene espacios y funciones en su interior. Y, en concreto, según se materializa en el edificio de la Mediateca, con los tubos huecos configurados a base de perfiles tubulares que discurren de planta a planta y se unen en anillos a la altura de los forjados, no sólo la idea de piedra hueca que podemos ver en proyectos como el de la Sinagoga Mikveh Isarel (1961-70) en Filadelfia, sino en planteamientos singulares en la obra de Kahn como el del proyecto para la Torre de la ciudad de Filadelfia (1952-57), realizado en colaboración con Ann Tyng y que guarda relación, como señala Cortés, con las ideas de estructuras como "cuerdas huecas" planteadas por el ingeniero Rober Le Ricolais (El Croquis, 2005, 21-2).

Estas referencias a Kahn requieren, a nuestro juicio, de un matriz de proximidad que no nos pasa desapercibido, ya que esta idea de las piedras huecas, incluso con imágenes muy semejantes a las del ya referido proyecto de la Sinagoga para Filadelfia, estaban muy presentes en el ámbito arquitectónico japonés de los años 60 y 70, en las obras de los Arquitectos Metabolistas que ejercieron una gran influencia en Toyo Ito, siendo él mismo colaborador de Kiyonori Kikutake al principio de su carrera. Las formas cilíndricas huecas planteadas por Kahn tienen su eco en las propuestas de la "Tower-shaped Community" de Kikutake (1958) y en el "Joint Core System" (1960) desarrollado por Arata Isozaki, e inspirado a su vez en las formas de Kikutake, y ambos podrían entenderse como precursores del proyecto de Ito. Más aún, en un paralelismo todavía más claro con una obra también inspirada en las anteriores, podemos referirnos al Centro de Prensa y Comunicaciones de Yamanashi (1961-66) de Kenzo Tange, en el que son dieciséis cilindros de hormigón, que contienen elementos de circulación y de servicio y que se disponen siguiendo una retícula bidimensional, los que ordenan la planta y se convierten en la imagen del proyecto.

Fig. 4.7 - Planta baja de la Mediateca de Sendai. Fot. Autor del libro, 2016.
Fig. 4.8 - Interior de uno de los tubos de la Mediateca de Sedai por el que discurre una escalera. En la imagen se aprecia la continuidad del espacio interior dentro del tubo. Fot. Autor del libro, 2016.

En el proyecto de Yamanashi, de forma similar a lo que ocurre en la Mediateca, los tubos permiten el libre apoyo de los forjados entre ellos, siendo el cilindro un elemento continuo y que permite el crecimiento del edificio a lo largo del tiempo, en una lógica propia de los planteamientos Metabolistas, como, de hecho, así ha ocurrido. Por el contrario, en el caso de la Mediateca, si bien el apoyo de los forjados es teóricamente libre, el propio edificio se entiende como una entidad limitada por el perímetro de la parcela que ocupa. No es por tanto un edificio ampliable, sino su misma materialización supone la limitación de un sistema potencialmente infinito, lo que queda remarcado por el entendimiento que hace Ito de las fachadas de vidrio como cortes de un volumen abstracto mayor[9], lo que podría entenderse como la delimitación arquitectónica del propio espacio natural, que ha quedado confinado por un cerramiento ligero, de forma semejante a como ocurre con las telas y lonas que Ito representa en sus dibujos de la fiesta de la floración del cerezo.

El edificio de la Mediateca puede verse en cierto sentido como una traslación en acero y vidrio, y por tanto "miesiana", de los planteamientos en hormigón, y por tanto "corbuserianos", de Tange. Esta materialización, con la ligereza conceptual presente en la maqueta de concurso, así como el entendimiento de la estructura como un espacio vacío que se expande tanto en vertical como en horizontal y que adopta una sección variable de matriz troncocónica, se asemejan a las imágenes planteadas por Fumihiko Maki en su Sistema Golgi (1968), una agrupación de elementos de planta circular y sección tanto cilíndrica como de conos superpuestos e invertidos, que actúan como elementos de circulación y vacíos que introducen la luz al interior de la estructura, idea que estaba también muy presente en las primeras descripciones de la Mediateca[10].

Retomando nuevamente el discurso formulado por Cortés, este plantea una cierta relación, que extiende a la obra de Ito de forma general, con la integración orgánica entre espacio y estructura propuesta por Wright (El Croquis, 2005, 42) y que, a nuestro juicio, puede verse de forma concreta en el proyecto de la Mediateca. En este sentido, podemos referirnos tanto a la estructura cilíndrica y contenedora de servicios de la torre de investigación para la Compañía Johnson Wax (1950), como a los elementos de circulación cilíndricos y, sobre todo, a las columnas de referencias vegetales que pueblan el espacio de trabajo central del Edificio de Administración (1939) del mismo complejo de la Johnson Wax. Las similitudes entre estos pilares y los tubos de la Mediateca son más conceptuales que formales,

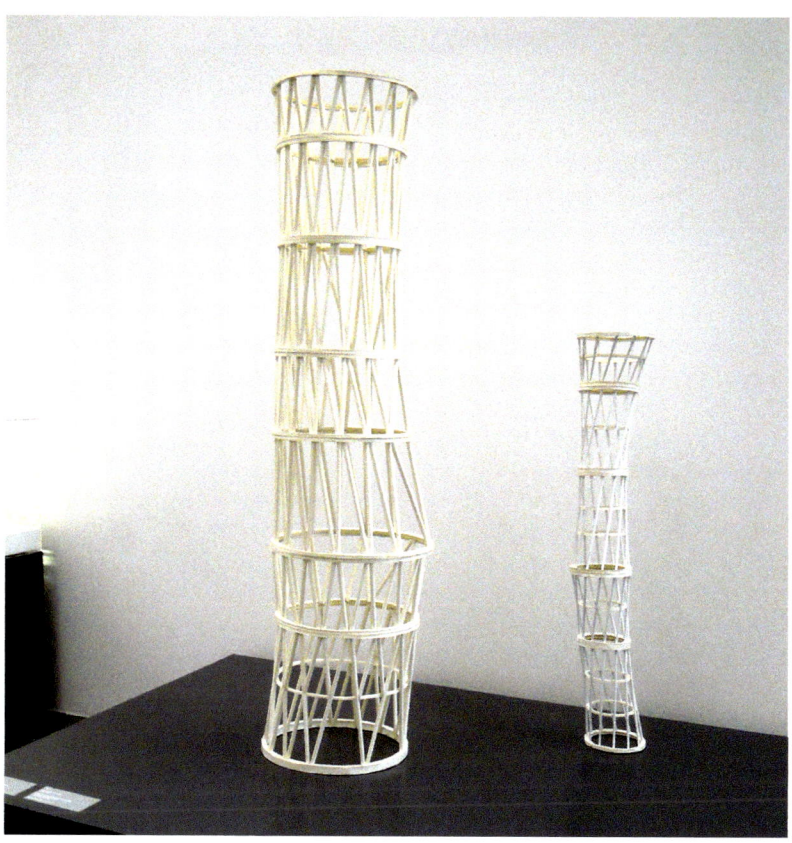

a primera vista, ya que los soportes del edificio de Wright se distribuyen siguiendo una retícula bidireccional y soportan la cubierta de un espacio único, sin verse interrumpidos por forjados, además de contar únicamente con una función sustentante. Sin embargo, si profundizamos un poco más en la propia razón formal de los pilares, vemos que estos son parcialmente huecos en su interior, con una solución estructural que Wright asocia con ciertos patrones vegetales, particularmente los de algunas plantas desérticas como los cactus saguaro y *staghorn cholla*[11]. Más concretamente, la estructura del edificio de la Johnson Wax, con sus pilares de hormigón huecos reforzados con una malla de barras de acero en forma de cesta, se asemejará a la del *staghorn* (Lipman, 1986, 56-9), cuya estructura guarda un gran paralelismo con la propuesta por Ito.

Fig. 4.9 - Maquetas a diferentes escalas de dos de los tubos de la Mediateca de Sendai. Exposición "Japan-ness", Museo Pompidou de Metz. Fot. Autor del libro, 2017.

Después de todo lo dicho, se hace necesaria una última reflexión sobre la realidad de la estructura construida de la Mediateca en comparación con la proyectada y, sobre todo, con la imaginada por Ito. Es cierto que nos hemos referido a la estructura propuesta por este como un conjunto de pilares-tubo dispuestos aleatoriamente en planta. Esto la diferenciaría a priori de las estructuras construidas por Tange o Wright, cuyo sistema de organización responde a una retícula bidireccional uniforme, aunque no homogénea en el caso de Tange. O incluso también de las proyectadas por Kahn o por Maki, en las que el sistema organizativo es algo más abierto e indeterminado, especialmente en el caso de éste último. Aun así constatamos como la realidad organizativa de la planta de la Mediateca no consigue liberarse del todo de una cierta referencia a un sistema reticulado.

Los trece tubos acaban disponiéndose siguiendo un patrón geométrico sensiblemente reticular. Los cuatro tubos de mayor dimensión se sitúan en las cuatro esquinas y marcan unos ejes para la disposición del resto de tubos que estos no siguen de forma estricta, pero sí aproximada. En el sentido paralelo a la fachada principal se desarrollan tres líneas estructurales, cuyos ejes no estrictos son aproximadamente equidistantes, en las que se ubican cuatro tubos en cada una de ellas, salvo en la primera, que con la aparición de un quinto tubo en la zona de mayor impacto visual se produce la ruptura más significativa del orden estructural. En el sentido perpendicular a la fachada principal se reproduce un orden semejante, con cuatro líneas estructurales, en este caso separadas a distancias menos uniformes que las anteriores, de tres tubos cada una, de las cuales, variando únicamente la disposición en la zona en la que se ha duplicado uno de los tubos a la que ya nos hemos referido.

Podemos afirmar, en base a esto, que Ito no logra alcanzar de forma rotunda la liberación respecto de la retícula y una disposición completamente aleatoria de los elementos estructurales en el proyecto de la Mediateca. En este, la cualificación del espacio boscoso e indeterminado responde, fundamentalmente, no tanto a una distribución en planta, como a una variación en sección de la estructura, así como a la propia diferenciación del diámetro de los tubos en los diversos niveles, y a la disposición no uniforme y liberada de referencias del mobiliario. Son por tanto los factores perceptivos tridimensionales los que más afectan a la consecución de la imagen propuesta, más allá del propio sistema organizativo planteado por Ito en el proyecto de la Mediateca.

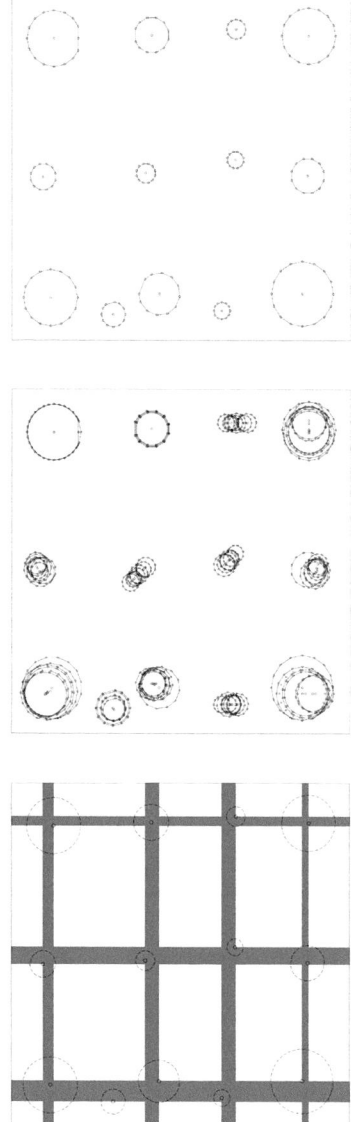

Fig. 4.10 - Esquema conceptual de la disposición de los tubos en planta de la Mediateca de Sendai (arriba) Disposición de los tubos en la planta baja. (centro) Superposición de la posición de los tubos en las distintas plantas. (abajo) Esquema compositivo de la planta baja con la retícula generada al unir los centros de los tubos en las direcciones paralelas a las fachadas. Dib. Autor del libro.

La propuesta de Sendai será la precursora de soluciones conceptualmente semejantes, como la del Concurso para el área de Les Halles (2007) en París, en el que los tubos son sustituidos por unos elementos plegados de forma triangular en sección, que pueden entenderse tanto como pilares como muros, y que únicamente tienen una función estructural y organizativa, sin poseer ya la capacidad de contener espacios o usos en su interior por su propia geometría. Estos elementos se asemejan tanto a velas mecidas por el viento como a árboles, cuyo crecimiento hubiera delimitado los espacios ocupables por la propia arquitectura (GA Architect, 2016, 101).

Los forjados, en este proyecto, se apoyan en estos elementos verticales ocupando de forma casi aleatoria los espacios intersticiales que resultan de la disposición en planta de los mismos. Tanto por este hecho como por actuar como imagen del propio edificio, los muros estructurales se acercan más al papel de la estructura construida por Tange en Yamanashi que al espacio fluido y el contenedor unitario de Sendai.

En una solución a medio camino entre las anteriores, en el concurso para el Museo+ (2013) ubicado en el distrito cultural de Kowloon oeste, en Hong Kong, Ito plantea un edificio de planta cuadrada, de 120 metros de lado y seis niveles, soportado en una especie de fibras vegetales que se disponen en la planta tanto de forma independiente como asociadas en pequeños grupos. Algunas de estas agrupaciones, al igual que ocurría en Sendai, contienen en su interior elementos de circulación y servicio, mientras que otras tan sólo generan ámbitos ligeramente diferenciados. Los forjados horizontales presentes en Sendai se mantienen, pero se rompe su continuidad en las plantas inferiores con escalonamientos y grandes vacíos, y se les practican perforaciones aleatorias que comunican los espacios en vertical, e incluso contienen elementos de circulación en algunos puntos.

El propio concepto del edificio ha perdido aquí su carácter unitario, lo que se refleja por un lado en las fachadas que cierran cada una de las plantas, que sólo van de forjado a forjado y delimitan áreas específicas en cada nivel, y también en las propias asociaciones metafóricas planteadas por Ito, y que tienen que ver con el propio programa del edificio. Así, las plantas inferiores, que contienen la Factoría Artística, se entienden como el sustrato o la tierra de la que brota el Bosque Artístico, un espacio semiabierto ubicado en la cuarta planta, encima del que se sitúa la Nube Artística en los niveles superiores dedicados a exposiciones.

La capacidad organizativa de los tubos de Sendai, así como la sencilla lectura de su planta y de la multiplicidad de lugares definidos por el mobiliario se ha perdido en este proyecto, en favor de una simple superposición y acumulación de elementos, complejidad característica de estas obras posteriores de Ito.

Sistemas estructurales. Interconexiones orgánicas

Una cualidad presente en los primeros proyectos a los que nos hemos referido, muy visible en la Estación de Bomberos de Yatsushiro y en Nagaoka, y en cierta medida también en Sendai, es la independencia conceptual entre los elementos verticales y los planos horizontales. En estos proyectos, los pilares se entienden como objetos aislados y solamente conectados por su propia relación mutua a nivel del conjunto del espacio.

Los pilares, o los tubos en Sendai, son elementos verticales que pueden inclinarse y repetirse, pero no establecen continuidad ninguna con el plano horizontal superior, salvo por la conexión que existe entre los tubos de la Mediateca en la última planta a través de una retícula metálica que hace las veces de marquesina, difuminando y suavizando en cierto sentido el encuentro del edificio con el cielo, pero que no afecta a ningún espacio accesible por los usuarios, al tratarse esta última planta de una zona de instalaciones.

Precisamente en la ambigüedad entre pilar y muro que hemos visto en el proyecto para Les Halles, y en la conexión horizontal entre los elementos puntuales verticales, radica un acercamiento que incorpora cualidades diferentes a las comentadas hasta ahora a la idea de espacio bosque planteada por Ito. En un entendimiento de la relación entre estructura y espacio más próximo a la interpretación orgánica propuesta por Wright o, incluso, a las de algunas obras de Gaudí, Ito rompe, en proyectos como el de la Biblioteca para la Universidad de Arte de Tama (2004-07), con la independencia entre el pilar y el plano horizontal característico de la abstracción arquitectónica propia de los prototipos espaciales planteados por Le Corbusier y Mies van der Rohe.

En el proyecto de Tama, una serie de pilares de hormigón, con alma estructural de planchas de acero y planta cruciforme, se distribuyen de forma aleatoria por la planta del edificio, una especie de rectángulo distorsionado con dos de sus bordes curvados. Estos pilares, al igual que ocurría en

Les Halles, aumentan de sección verticalmente hasta unirse con los pilares adyacentes en las cuatro direcciones señaladas por la propia planta cruciforme, dando lugar a una serie de delgados arcos de hormigón de perfil variable que se prolongan en líneas estructurales curvadas a lo largo de la planta. Se crea así una malla estructural no uniforme, un entramado tridimensional que se duplica para conformar las dos plantas del edificio. Stan Allen se refiere a los arcos así configurados como una forma casi accidental alejada de cualquier simbolismo tradicional asociado al arco, resultado de tallar o perfilar el espacio vacío (Ito, 2012, 11).

Si bien es cierto que puede apreciarse una cierta cualidad cavernosa en el espacio, a la que nos referiremos más adelante, a nuestro juicio el proceso de formación de la estructura no responde a un mecanismo propio del tallado, como Allen sugiere. El arco plano y delgado empleado en el proyecto, que se ve multiplicado en el espacio, se asemeja a los construidos por Fumihiko Maki en el Acuario Nacional de Okinawa (1975), en el que una serie de módulos de planta cuadrada y bordes definidos por estos arcos planos, se repiten formando una cuadrícula continua en planta. Al igual que en Tama, estos arcos son piezas de escaso espesor que se configuran por la unión de los fragmentos de estructura, más que asociarse al simbolismo tradicional del arco.

Fig. 4.11 - Biblioteca de Tama, obra de Toyo Ito (2004-07). Fot. Autor del libro, 2016.

Más aún, podríamos reconocer como referentes más inmediatos algunos proyectos de Óscar Niemeyer, como el Palacio de Itamaraty (1962-70) en Brasilia o, sobre todo, el proyecto para la Sede de la Editorial Mondadori (1968-75), en Milán, con su sistema estructural tridimensional que se manifiesta en forma de arcos desiguales en las fachadas longitudinales que conectan los grandes pórticos dispuestos a intervalos irregulares de los que cuelgan las plantas de oficinas. Además, con la referencia a este proyecto se hace necesario aludir nuevamente al del Palacio de Justicia de Chandigarh, de Le Corbusier, cuyos croquis iniciales podrían ser perfectamente compartidos con los del proyecto de Tama, con la diferencia de la plataforma horizontal sobre la que se apoya la obra de Le Corbusier. Con dos diferencias importantes entre estos proyectos y el de Ito, ya que en estos la estructura de hormigón responde a un sistema de orden fácilmente discernible, más homogéneo en la obra de Le Corbusier y algo más heterogéneo en la de Niemeyer, mientras que en el proyecto de Ito el orden es mucho más heterogéneo y de componente orgánica. Además, en las primeras, esta estructura representativa tiene un cierto carácter autónomo, separándose de los volúmenes funcionales del edificio que se encuentran debajo de ella, frente a la obra de Ito en la que se produce una integración total entre espacio y estructura.

Fig. 4.12 - Espacio interior de la zona de acceso en planta baja de la Biblioteca de Tama. Fot. Autor del libro, 2016.

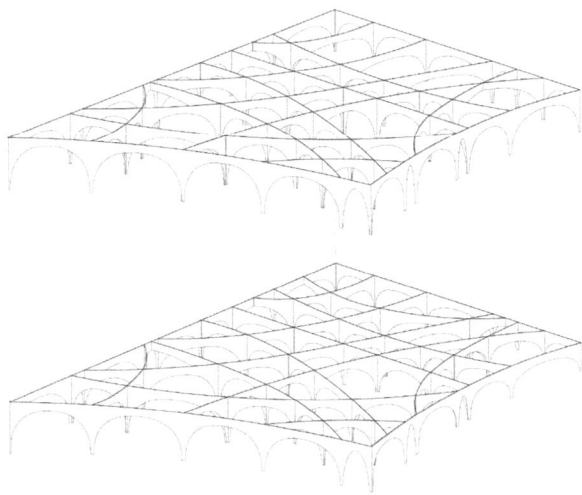

Pero, además de estas referencias, el sistema de formación de Tama parece asemejarse también con el uso de la curva catenaria empleado por Gaudí en algunas de sus obras[12], curva que, en el caso de Tama, queda definida por la posición de los pilares y su relación con el plano horizontal del techo. La alusión a este tipo de curva y a la figura de Gaudí no es gratuita, y queda definida esta relación especialmente en las maquetas conceptuales de desarrollo del proyecto, las cuales se presentan, en algunos casos, dadas la vuelta, de tal forma que el techo actúa como suelo y límite inferior, y la unión de los pilares se establece mediante líneas de fuerza que toman la forma de curvas, dando lugar a una estructura tridimensional semejante también a las que propone el arquitecto japonés Ryuji Nakamura en sus instalaciones, similares a los estudios planteados por el propio Gaudí.

La negación del proceso de tallado o excavación se apoya, además, en la relación entre los sistemas estructurales tridimensionales de ambas plantas entre sí y con el lugar, ya que ambos conjuntos de tapa horizontal y soportes se colocan posándose sobre el plano de suelo definido previamente. En el encuentro con el terreno en planta baja, el edificio parece posarse sobre un plano que reproduce la pendiente natural del lugar, mientras que la estructura de la planta superior se posa sobre el plano ligeramente inclinado que conforma el forjado de techo de planta baja, el cual, con esa leve inclinación, presenta una cualidad topográfica semejante a la del terreno natural.

Fig. 4.13 - Axonometría explotada de los dos niveles de la estructura de la Biblioteca de Tama.
Dib. Autor del libro

En todo caso, la posible referencia cavernosa estaría más próxima a la concentración de materia proveniente del techo que da lugar a una estructura que se descuelga de este, una estalactita, o, incluso, proveniente del suelo y que crece hacia lo alto, una estalagmita, según se puede interpretar de las imágenes de la maqueta dada la vuelta.

Esta concentración de materia en el encuentro entre el plano horizontal y la estructura vertical refiere nuevamente al proyecto de Wright para el edificio de la Johnson Wax y, ya en el ámbito japonés, puede verse su influencia, antes que en la obra de Ito, en el Pabellón de Bodas en Nagoya (1973) de Yasutaka Yamazaki, en el que la continuidad de la superficie del plano horizontal superior, el tallado del plano inferior y el engrosamiento del encuentro entre pilares y forjado remiten de forma aún más explícita a esta imagen cavernosa.

Ito desarrollará este recurso formal en el proyecto del Crematorio Meiso no Mori (2004-06) en Kakamihagara, en el que la blanca y ondulada cubierta descansa sobre unos soportes de planta cilíndrica y sección fungiforme que parecen producirse por el descenso de materia de la cubierta hacia el suelo[13]. La continuidad entre los soportes y la cubierta es total en este caso, siendo la cubierta la verdadera definidora del proyecto, y entendiéndose el espacio interior como una especie de delimitación arquitectónica, mediante un cerramiento de vidrio, de una formación natural previamente existente.

Fig. 4.14 - Vista desde el acceso del edificio del Crematorio Meiso no mori en Kakamigahara, obra de Toyo Ito (2004-06). Fot. Autor del libro, 2016.

145

Curiosamente, al igual que en Tama, la estructura no se entiende como algo que emerge del suelo o que se excava, sino como un elemento posado sobre el terreno. Ito se referirá, en ese sentido, a la imagen de una nube que reproduce los perfiles montañosos circundantes y que flota sobre el lugar (El Croquis, 2009, 72). Esta idea se ve enfatizada por los volúmenes construidos bajo la cubierta y que no llegan hasta ella, unos prismas que se revisten de la misma piedra que se emplea en el suelo. Son estas piezas las que parecen, en este caso sí, haberse tallado a partir de una superficie rocosa original, lo que apoya el propio encuentro entre los cerramientos perfectamente verticales de estos volúmenes y el suelo, realizado en forma de una pequeña curva que establece la continuidad entre ambos planos y elimina la arista que permitiría entenderlos como planos abstractos.

La investigación sobre este tipo de estructuras de referencia orgánica realizadas en hormigón armado, y en las que se establece una continuidad entre los pilares y la delgada cubierta, remite indudablemente a ciertas obras del arquitecto español Miguel Fisac, especialmente a los pórticos que podemos encontrar en el claustro del Colegio de los Padres Dominicos de Valladolid (1951-56) y en el Instituto de Formación del Profesorado en Madrid (1952), entre otras (Villalobos, 2014, 379).

Fig. 4.15 - Vista del edificio hacia el estanque. Crematorio Meiso no mori en Kakamigahara, obra de Toyo Ito (2004-06). Fot. Autor del libro, 2016.

En una traslación prácticamente literal de la estructura construida por Wright en el edificio de la Johnson Wax, Ito empleará esta como elemento compositivo y definidor del espacio en los proyectos del Centro de Información del Complejo del Parque de Historia Natural Akayama (2011-18) en Kawaguchi y, con una solución más interesante, en la Biblioteca de la Escuela de Ciencias Sociales de la Universidad Nacional de Taiwán (2006-13).

En el pequeño pabellón de Kawaguchi, los soportes fungiformes se diseminan libremente dando lugar a una edificación de forma indefinida, en la que las áreas funcionales se cierran por paños de vidrio ortogonales que quedan contenidas bajo la cubierta. A diferencia de lo que ocurre en el edificio de Wright, las columnas fungiformes no quedan ocultas al exterior dentro de un contenedor mayor que defina un perímetro global del edificio, sino que es la propia columna el elemento compositivo principal y el que configura la imagen del edificio, que se entiende así, de forma semejante a lo que veíamos en la obra anterior, como una especie de estructura o formación natural que ha sido colonizada por el ser humano y en la que se ha intervenido levemente para dotarla de un uso arquitectónico, como algunas de las obras construidas por Gaudí.

Frente a esta propuesta, la de la Biblioteca de Taiwán presenta aún mayor paralelismo con la estructura planteada por Wright y supone un ejemplo más conseguido del uso de la misma. Esto último se debe principalmente a la mayor escala del espacio, con una planta de mayor tamaño, con mayor número de columnas y una mayor altura libre del espacio, 5.70 metros frente a los escasos 3.50 metros del Pabellón.

Ito se refiere al proyecto de Taiwán como una estructura que reproduce la sensación de estar leyendo bajo los árboles y en la que los pilares fungiformes se distribuyen siguiendo un patrón en doble espiral (GA Architect, 2016, 194). Estos pilares dan lugar a la cubierta también de manera irregular, mediante losas de muy diversos tamaños respecto a las que cada pilar se encuentra descentrado, conformando así un patrón más próximo a los de las imágenes naturales que le sirven de ejemplo, frente a la traslación más abstracta y geométrica en figuras completamente simétricas dispuestas en una retícula bidireccional de Wright.

A diferencia de lo que ocurría en el Pabellón de Kawaguchi, en la Biblioteca de Taiwán los soportes se distribuyen en relación a una forma base cuadrada, aunque sin verse completamente limitados o contenidos por esta. Estos soportes configuran también aquí la imagen del edificio, cuyo cerramiento se retranquea respecto del límite definido por la cubierta, con esa sensación semejante de estar interviniendo en una estructura natural existente, idea enfatizada por la propia iluminación cenital del espacio a través de los intersticios irregulares que dejan las losas de cubierta en su encuentro, solución igual a la construida por Wright pero sin la homogeneidad de la de éste.

Tanto en el proyecto de Tama como en el de Taiwán, Ito recupera la idea de espacio unitario puntuado y cualificado por los elementos estructurales, en el que es el mobiliario el que ayuda a definir las áreas estanciales. En este sentido, la solución de Taiwán es la más significativa, ya que el propio mobiliario se distribuye siguiendo una forma de vórtice en planta, lo que obliga a movimientos en espiral por parte de los usuarios.

Las configuraciones formales de estas dos bibliotecas pueden entenderse como sistemas potencialmente ilimitados, como bosques que permiten la generación de ámbitos y lugares de diversa cualidad en su interior, y puede verse en ellas cierta semejanza con el espacio planteado en algunas obras de la arquitectura del siglo XIX de la misma tipología, como el presente en la Sala Labrouste de la Biblioteca de París, obra de Henri Labrouste, hecho que se hace especialmente patente en la resolución formal de Tama y en el sistema de iluminación cenital de Taiwán. Es en el proyecto de Tama donde Ito hace más visible esa idea de estructura como sistema, de forma semejante a como lo hacía en la Mediateca de Sendai, a través de la solución de las fachadas. En el caso de Tama, a diferencia de lo que ocurría en Sendai, la fachada no se entiende como un corte abstracto marcado por los límites del propio solar[14], sino que el edificio acaba, en sus cuatro lados, en uno de esos muros compuesto por los arcos que unen los soportes, de tal manera que el sistema estructural y organizativo del edifico se manifiesta en la fachada y sirve como imagen representativa, en esa lógica de continuidad a la que nos hemos referido con el término "sistema".

Esta solución del muro estructural y representativo la había empleado ya Ito en proyectos como los pabellones temporales para Brujas y para la Serpentine Gallery, ambos de 2002, que pueden considerarse precursores abstractos de la solución figurativa planteada en el edificio Tod's Omotesando (2002-04), en el que las fachadas se recubren con siluetas arbóreas que simulan las de los zelkovas que pueblan la Avenida Omotesando de Tokio.

En este caso, dada la necesidad de aprovechar al máximo el espacio interior y la propia cualidad representativa que debe tener el edificio, Ito opta por sacar la estructura al exterior, liberando el espacio interior y convirtiendo la propia piel en un elemento significante[15]. La forma en L del solar y el uso del patrón arbóreo en todas las fachadas hacen que el volumen se entienda como una especie de masa vegetal que rodea al edificio situado en la esquina, en origen, una construcción de aspecto mucho más convencional con tejado a cuatro aguas. La conjunción entre ambos edificios recuerda a las imágenes de las pantallas vegetales levantadas como protección contra el viento alrededor de algunas viviendas situadas en la Prefectura de Shimane, las cuales fueron ya recogidas por Bernard Rudofsky, como interesante

Fig. 4.16 - Edificio Tod`s Omotesando en Tokio, obra de Toyo Ito (2002-04). A la izquierda, el edificio Keyaki, diseñado por Norihiko Dan. Fot. Autor del libro, 2015.

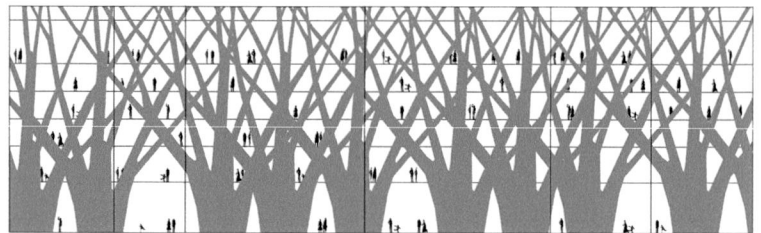

ejemplo de un mecanismo que favorece la adaptación de la arquitectura a su entorno, en su conocido libro "Architecture without architects", una obra de referencia para Ito y a la que ha aludido en diversas ocasiones (Ito, 2012, 128). La sustitución del edificio de la esquina en fechas posteriores por otro de mayor altura y de forma casi cilíndrica que refiere también a la de los árboles de la Avenida, conocido como Edificio Keyaki, ha hecho que se perdiera este efecto[16].

Sin embargo, el uso del patrón arbóreo no supone un mero ejercicio imitativo[17], sino que es una reflexión sobre la condición estructural y representativa de la fachada, y de cómo estas pueden alcanzarse a través de un mecanismo geométrico[18]. Así, la forma arbórea parece partir del estudio de la silueta de un árbol conceptualizado, que ni siquiera tiene por qué existir realmente, la cual se ha esencializado y descompuesto según un sistema de formación ordenado, a la manera de algunos de los patrones árbol estudiados por autores como Bruno Munari. Sin embargo, a diferencia de los propuestos por éste, que hacen uso de una ley relativamente uniforme, Ito emplea una forma en la que las diversas ramificaciones se tratan de manera diferenciada, construyendo un patrón más heterogéneo y, por tanto, que busca aproximarse en mayor medida a una silueta natural.

Curiosamente, si bien se trata de una estructura superficial más o menos continua, no puede considerarse que el patrón vegetal es el fruto de la perforación de dicha superficie, como sucede por ejemplo en el edificio Mikimoto Ginza (2003-05), sino de la unión de elementos individuales que presentan ese carácter indefinido entre pilar y muro al que nos hemos referido anteriormente. La condición superficial nace de la repetición de estos elementos, y de su disposición se obtienen las diferentes densidades de la superficie de la fachada. Con esta solución, Ito revierte de forma conjunta, además, dos de los principales postulados de la arquitectura del Movimiento Moderno, como son la separación entre estructura y cerramiento y el

Fig. 4.17 - Alzado conceptual desplegado del edificio Tod`s Omotesando en Tokio de Toyo Ito (2002-04), en el que se aprecia la repetición del patrón arbóreo que configura la fachada. Dib. Autor del libro.

carácter abstracto y de lienzo compositivo de la fachada, lo que explica en los siguientes términos:

> *(...) hasta hace poco la fachada era un sistema que estaba separado de la estructura, pero combinando la estructura con la fachada de nuevo, hemos sido capaces de volver visible el flujo de fuerzas.* (Ito, 2012, 123).

Ito volverá a emplear este mismo patrón en el proyecto del concurso para el Fondo Regional de Arte Contemporáneo de Picardie (2004) en Amiens, recubriendo los dos fachadas más largas de un edificio longitudinal con siluetas de árboles semejantes a las del edifico Tod's[19]. Se produce en este proyecto una extraña solución, ya que el volumen no es continuo en altura, sino que en el lado norte la fachada de la planta superior se retranquea respecto a la de la planta inferior. Así, en la fachada de menor altura, se hace necesario el recorte del patrón, de manera que se produce la superposición de dos planos de fachada recubiertos por el patrón arbóreo, ya que la fachada de la planta superior continúa hacia abajo con dicho patrón, de tal manera que, en este punto, se pierde la visión unitaria conseguida en Tod's.

Fig. 4.18 - Vista lateral del edificio Tod's Omotesando en la que se aprecia la trama estructural de la fachada. Fot. Autor del libro, 2016.

Un patrón semejante, pero ya no reconocible y que incorpora otras referencias diversas, en las que no nos detendremos, lo había utilizado ya Ito en forma de muros aislados, que pueden entenderse también como grandes pilares apantallados, que rodean algunas zonas del edificio de entrada de la Ampliación de la Fira de Barcelona (2002-07), en el que Ito había ensayado también para esta zona una solución semejante a la del Crematorio de Kakamigahara, como puede verse en algunos de los croquis preliminares.

Con todo lo visto anteriormente podemos concluir que para Ito la estructura se entiende como un elemento simbólico que permite la apropiación del lugar en el que se inserta, permitiendo además la creación de nuevas condiciones que deberán ser descubiertas por los usuarios en su uso del edificio. Estas ideas estaban ya presentes en cierto sentido en la obra de Kazuo Shinohara, que ya en 1977 se refería al espacio contenido en una pequeña vivienda como una colección de *topoi*, lugares diferenciados generados a través de las condiciones arquitectónicas establecidas en este espacio interior (2G, 2011, 274).

Esta misma idea emparenta los planteamientos de Toyo Ito con los de Stan Allen, quien también en los años 90 contrapone la idea de arquitectura como objeto a la de arquitectura como campo, entendido este como "cualquier matriz formal o espacial capaz de unificar diversos elementos a la vez que respeta la identidad de cada uno" (Allen, 1999, 92). Para Allen, igual que para Ito, en una coincidencia de terminologías clarificadora, el edificio debe actuar como sistema organizado alrededor de una serie de vórtices, de tal forma que la arquitectura se convierte en un medio que favorece la aparición de determinados acontecimientos (Allen, 1999, 92).

Estas ideas, que pueden entenderse desde planteamientos más abstractos y "arquitectónicos" en el caso de Shinohara, y más centrados en lo puramente organizativo y diagramático en el caso de Allen, aparecen en los proyectos de Ito como imágenes metafóricas mucho más concretas. Vemos como esto lo manifiesta, a la hora de explicar las agrupaciones simbólicas de elementos que construye con sus estructuras, al señalar las construcciones primitivas a base de conjuntos de pilares, que tenían un claro componente simbólico y religioso, como referentes arquitectónicos, aunque más a modo de imagen explicativa y comparativa que por su cualidad referencial real, como él mismo reconoce (GA Architect, 2016, 8).

Fig. 4.19 - Vista exterior de la Mediateca de Sendai con los grandes zelkovas que pueblan la avenida en la que se sitúa el edificio a la izquierda. Fot. Autor del libro, 2016.

Tal vez la cualidad más distintiva de su idea de campo o lugar sea la que tiene que ver con la asociación que Ito establece con las imágenes naturales que le sirven de referente, así como con la relación que se establece con el propio entorno[20]. No en vano, los proyectos en los que la alusión al árbol es más clara y manifiesta, como la Mediateca de Sendai y el edificio Tod's Omotesando, se ubican, en ambos casos, precisamente en grandes avenidas arboladas pobladas de imponentes zelkovas, por lo que ambos proyectos pueden entenderse como formas de capturar un fragmento del lugar, del espacio natural, en el edificio, ya sea en su interior, como en Sendai, o en su envolvente, como en Tod's. Se crea de esta forma una especie de campo natural definido por los elementos vegetales, como el de las evocadoras imágenes de la festividad de la floración del cerezo.

Esta relación con el entorno tiene también mucho que ver con su idea de arquitectura como entidad abierta a los estímulos provenientes del medio urbano y capaz de recoger y reflejar dichos flujos, a la manera de cómo los organismos naturales se relacionan con lo que les rodea (Ito, 2000, 142)[21]. Esta voluble realidad, representada conceptualmente como ninguna otra por la ciudad de Tokio, los seres humanos la habitan como si de un entorno salvaje se tratase. Como si fuese necesario establecer una relación primitiva con dicho entorno, entendida como una forma de adaptación a lo hostil y desconocido. Esto se manifiesta en proyectos como los de las instalaciones PAO 1 (1985) y PAO 2 (1986), los alojamientos para la "chica nómada de Tokio" (El Croquis, 1995, 34-7); y en algunos de sus escritos, en los que se refiere a los seres humanos como "tarzanes" en el bosque artificial en que se ha convertido la ciudad (2G, 1997, 142).

Pero quizá, esta presencia de las imágenes naturales se deba a algo más primordial. A la propia pertenencia de Ito a la cultura japonesa, compartiendo las apreciaciones planteadas por autores como el poeta Kenji Miyazawa para el que el ser humano es sólo una parte de la inmensa naturaleza[22]. Y a las imágenes de su niñez, resumidas en la siguiente frase:

> *(...) soy un verdadero chico de campo. Después de clase solía tirar mi cartera e iba a jugar descalzo a los arrozales (...) Quizá sea por esto que estoy tan apegado a los árboles y a las imágenes acuáticas.* (Ito, 2005, 71).

Fig. 4.20 - Vista exterior del edificio Tod´s Omotesando con uno de los zelkovas que pueblan la avenida en la que se sitúa el edificio a la derecha. Fot. Autor del libro, 2016.

Notas

[1] Mientras que Kazuo Shinohara trabajaba en una escala reducida proponiendo la construcción de un espacio bello capaz de perdurar en el tiempo y aspirar a lo eterno, los Metabolistas planteaban una arquitectura desechable y de partes intercambiables amparada en el progreso tecnológico, desarrollada en construcciones de gran escala con propuestas encaminadas a reconfigurar la imagen de la ciudad. (2G, 2011, 8).

[2] La importancia del simbolismo otorgado a la estructura asocia conceptualmente los planteamientos de Tange con los de Shinohara, aunque en sus obras se manifestará de forma diferente. (Stewart, 1987, 175).

[3] Mohsen Mostafavi titula su texto dedicado a la obra de Ito, y recogido en el número 147 de la revista El Croquis, precisamente, "Suavizar el rigor de la retícula", refiriéndose a este hecho y haciendo de esta manera hincapié en la importancia de esta idea en su obra. (El Croquis, 2009, 21-31).

[4] Para Ito, la fiesta de la floración del cerezo, o *hanami*, será un motivo recurrente a la hora de explicar su arquitectura, ya desde su texto "Vortex and current" de 1992, empleándolo nuevamente en proyectos tan significativos como el "Home for all" en Rikuzentakata, el centro comunitario que diseña junto a Akihisa Hirata, Kumiko Inui y Sou Fujimoto para esta localidad, como una de las construcciones de emergencia levantadas después del devastador *tsunami* que asoló la zona en marzo de 2011. Este motivo aparecerá también en diversos dibujos que realizará a lo largo de los años, uno de ellos donado para recaudar fondos para la reconstrucción del puerto de Beirut después de la explosión que tuvo lugar en el año 2020, y seguirá siendo, durante mucho tiempo, una potente imagen a la que recurrirá a la hora de explicar su arquitectura ideal. El dibujo para Beirut y otros similares pueden verse en: https://www.world-architects.com/en/architecture-news/found/architects-for-beirut y https://elpais.com/cultura/2013/03/17/album/1363541862_252646.html (fecha de la última consulta: 9 de diciembre de 2023).

[5] En ejemplos como Daisen-in o Zuiho-in, en Daitoku-ji, entre otros, esta asociación de la superficie de grava con una masa de agua es parte de la metáfora que construye el jardín. (Vives, 2014, 83-9 y 191-3).

[6] Estas ideas se hacen patentes en varios de los textos recogidos en el libro "Escritos", publicado en el año 2000 por el Colegio Oficial de Aparejadores y Arquitectos Técnicos de Murcia, que recoge y traduce al castellano varios textos y artículos

publicados anteriormente por Toyo Ito. Entre ellos podemos citar "Una arquitectura que pide un cuerpo androide" (páginas 45-66), "La cortina del siglo XXI. Teoría de la arquitectura fluida" (páginas 67-80), "Cambiemos el concepto de límite y abramos los edificios públicos" (páginas 203-216), o "Paisaje arquitectónico de una ciudad envuelta en una película de plástico transparente" (páginas 113-130), entre otros.

[7] "Sin estos tubos, el espacio hubiera sido un espacio homogéneo de Mies van der Rohe". (Ito, 2005, 29).

[8] Aquí la palabra máquina no se emplea con ninguna asociación mecanicista o incluso tecnológica, sino que se acerca más al concepto de máquina planteado por Kazuo Shinohara, y que él mismo define de la siguiente manera "Esta máquina existe en un concepto diferente al de la máquina de los años veinte (…) He definido mi máquina como un ensamblaje de componentes fragmentados cuyo uso se ha visto privado de sus implicaciones habituales, y como un dispositivo construido sin ninguna intención de conseguir un concepto unitario". (Taki, 1983, 45). A diferencia de la máquina de Shinohara, el proyecto de la Mediateca sí plantea una cierta idea unitaria, aunque no basada en una imagen única, pero sobre todo se asemeja a esta idea mediante un uso similar de diversos componentes fragmentados a los que se busca dotar de un significado nuevo, aunque partiendo de ciertas referencias asimiladas.

[9] "Si en la arquitectura tradicional la piel expresa la cosmología de una arquitectura concluida, aquí la interpretación de la misma contrasta por no serlo. Se muestra simplemente un corte de un volumen abstracto con los cuatro lados de 50 metros determinados por las condiciones reales del espacio urbano". (Ito, 2000, 234).

[10] Esta estructura planteada por Maki se compone de cuatro elementos: las torres de comunicaciones, que organizan los movimientos de personas, materia y energía; las torres de luz, que concentran los flujos de luz y aire; el espacio interno utilizable; y la membrana que separa interior y exterior. Tanto la configuración como la terminología son análogas a la empleada por Ito treinta años después. (Koolhaas, 2011, 312).

[11] "La contemplación del desierto y de sus elementos no produjo sólo un fuerte impacto emocional en el hombre, sino que proporcionó al arquitecto un nuevo material de estudio e investigación para sus formas. El análisis de las estructuras vegetales le permitió desarrollar formas estrictamente tectónicas que convirtió en sistemas geométricos, tubulares o reticulares". En referencia a Wright y el estudio de los vegetales desérticos (Álvarez, 2007, 197).

[12] "Ito expresa su más sincero respeto por la arquitectura de Gaudí, que intentaba crear un espacio fluido basándose en sus experimentos sobre estructura funicular" (2G, 1997, 21).

[13] Ito volverá a emplear una solución semejante en el Tanatorio Meguri no Mori (2011-18) de Kawaguchi.

[14] "La fachada de Tama no supone un corte de una forma mayor, sino que sigue una curvatura cuidadosamente seleccionada". (Ito, 2012, 125).

[15] "Rara vez se han visto tales iconos abstractos de 'árboles-como-significantes' en la arquitectura moderna, de modo que, en parte, sirven para dar una imagen sin precedentes a un edificio comercial y en parte para hacer que la estructura sea decorativa en sí misma". (Ito, 2005, 42).

[16] Nos hemos referido a este edificio, proyectado por Norihiko Dan en 2013, en el apartado "La torre árbol".

[17] "Un patrón no representa a un objeto según aparece en la naturaleza; en su lugar es una vívida expresión de algo que, de hecho, no existe. (…) Imágenes y patrones son vistos generalmente como diferentes. Las imágenes son representaciones de la naturaleza, mientras que los patrones son composiciones creadas por una mano humana". Soetsu Yanagi (Yanagi, 2018, 76-80).

[18] "En tanto que un patrón es la representación de la naturaleza fundamental de un objeto, es lo que queda de un objeto después de que se ha retirado todo lo innecesario. En otras palabras, es una simplificación; el patrón emerge cuando los excesos han sido suprimidos y sólo queda lo esencial". Soetsu Yanagi (Yanagi, 2018, 74).

[19] Ito empleará también esta misma solución en el proyecto del concurso para el Edificio Público Musashikai (2004) situado en Musashino, en el que las siluetas de los árboles parecen continuar también en el interior del edificio. Apenas hay información publicada sobre este edificio. La referencia se ha sacado de uno de los números que la revista GA Architect le dedica a Toyo Ito (GA Architect, 2016, 281).

[20] "Mi idea de crear 'campos' en lugar de habitaciones proviene de mi deseo de generar, a partir de espacios encontrados en la naturaleza, diferentes lugares de acuerdo con su relación con el entorno, en lugar de crear un ambiente artificial cerrado." Toyo Ito (GA Architect, 2016, 8).

[21] "El mundo natural es extremadamente complicado y variable, y sus sistemas son fluidos". Toyo Ito (Ito, 2012, 33).

[22] "Sobre el cosmos de Kenji Miyazawa, Takaaki Yoshimoto señala que este, a diferencia de otros poetas, considera al hombre como una parte de la inmensa naturaleza (…) Lo que se pide a la arquitectura de ahora ¿no sería conseguir el estado más primitivo, es decir, el estado más natural de la arquitectura?". Toyo Ito (Ito, 2000, 42-3).

La forma se convertía en lo informe, lo finito en lo infinito, lo particular, se convertía en el todo. Jean Arp (Arp, 1985, 53).

Hay que proclamar lo esencial (…) mis relieves y esculturas se integran en la naturaleza de modo natural. Pero si se miran más de cerca, se advertirá que han sido formados por una mano humana. Jean Arp (Arp, 1985, 49).

El edificio bosque
Cubierta y entramado

En su libro "Historia de la retícula en el siglo XX", Juan Antonio Cortés se refiere a la planta libre de Le Corbusier y Mies van del Rohe como uno de los paradigmas arquitectónicos más destacados del siglo XX. La planta libre se basa en el uso de unos cerramientos que definen los espacios y que pueden distribuirse libremente, al haber perdido su carácter estructural, y una retícula de pilares en la que recae la función sustentante, posibilitando esa libertad de los cerramientos (Cortés, 2013, 21). Esta retícula posee un carácter isótropo y homogéneo, lo que permite su entendimiento como un sistema de orden potencialmente ilimitado, configurando una estructura espacial básica de carácter continuo y expansivo. En los ejemplos canónicos de aplicación de este modelo, la estructura Dom-inó (1914) de Le Corbusier y el Pabellón de Barcelona (1929) de Mies, el espacio queda contenido entre dos planos horizontales continuos, suelo y techo, y es el propio cerramiento del edificio el que limita el carácter expansivo de la retícula, confiriéndole su realidad concreta (Cortés, 2013, 25-9).

De estos dos planteamientos prototípicos, el de Le Corbusier construye un espacio continuo pensado para su apilamiento, quedando contenido dentro de una volumetría rotunda, según vemos en la aplicación de esta idea en algunas de sus obras de los años 20. Por su parte, Mies genera una construcción de una única planta, en la que es el plano horizontal de la cubierta el que señala el ámbito de lo vividero, sin que los cerramientos, muros y particiones se vean condicionados por los límites establecidos por su perímetro, retranqueándose o sobrepasándolo indistintamente en función de la espacialidad interior. Los ejemplos más característicos del planteamiento miesiano son el ya citado Pabellón de Barcelona y la Casa para una pareja sin hijos de la Exposición de la Construcción celebrada en Berlín en 1931. En ambos casos, el concepto arquitectónico puede reducirse a la creación de una especie de "edificio marquesina" sustentado por una retícula de delgados pilares, de planta cruciforme en Barcelona y cilíndricos en Berlín, cuyo ámbito espacial se amplía respecto a dicha "marquesina" y queda delimitado mediante unos muros que envuelven y configuran las diversas áreas estanciales.

Frente a los pilares de hormigón de Le Corbusier, los soportes de acero de Mies buscan la desaparición de su materialidad y la mínima presencia de la retícula, por lo que el edificio puede entenderse como una especie de cubierta flotante y como la mayor esencialización del espacio continuo y homogéneo moderno (Cortés, 2013, 29).

Retomando nuevamente el discurso establecido por Cortés, a este primer uso de la retícula le sigue un segundo momento en el que esta se asocia a una organización basada en unidades espaciales diferenciadas, ejemplificado, según Cortés, por el uso que hace Kahn de la retícula vinculada a su idea de la arquitectura como conjunto de estancias, en la que la habitación se convierte en la unidad compositiva mínima (Cortés, 2013, 31).

A diferencia del espacio continuo y la volumetría unitaria asociados a la primera retícula, Kahn plantea una arquitectura compuesta por pabellones en los que la cubrición puede independizarse y la retícula se vincula a los límites de cada una de las partes (Cortés, 2013, 35). Con esta decisión, y al agrandarse además los soportes, la retícula pierde su homogeneidad y adquiere una mayor presencia que se manifiesta en la imagen del edificio.

Si damos ahora un salto, tanto en el espacio como en el tiempo, hasta el ámbito de la arquitectura tradicional japonesa, comprobamos que es

posible establecer un cierto paralelismo con estas ideas arquitectónicas a los que acabamos de referirnos.

En la arquitectura de los estilos *shinden* y *shoin*[1], el edificio se configura a partir de una retícula ordenada de pilares de madera en los que se apoya un suelo elevado y una prominente cubierta, que establece un límite virtual del espacio vividero. El espacio interior es sensiblemente continuo y queda delimitado mediante cerramientos y particiones ligeros y móviles cuya posición se vincula a la retícula, pero sin que ninguno de los dos elementos se vea completamente condicionado por el otro. Aun en los ejemplos en los que los conjuntos arquitectónicos se vuelven más complejos, con plantas compuestas por diferentes partes, la retícula mantiene una gran continuidad, y las cubiertas se distribuyen habitualmente en relación a áreas uniformes definidas por las plantas. Estas arquitecturas pueden compararse, de forma conceptual, con los primeros planteamientos de Le Corbusier y Mies a los que nos hemos referido, especialmente a los de este último.

Fig. 5.1 - Santuario Toyokuni en Itsukushima (siglo XVI). Fot. Autor del libro, 2016.

163

A partir del siglo XVI, y vinculado a la arquitectura de la casa del té, se desarrolla el estilo *sukiya* (Itoh, 1982, 45), en el que, frente al uso de una planta unitaria que se subdivide mediante particiones para dar lugar a las diferentes estancias, es la estancia individual la que actúa como unidad mínima compositiva, por lo que el edificio pasa a entenderse como una agregación de estas. Este sistema compositivo lleva aparejada la libre disposición de la estructura, que ya no sigue un patrón homogéneo y continuo, sino que se asocia a la posición de cada una de las estancias, así como una mayor libertad en la disposición de las cubiertas, que se fragmentan de la misma forma que la planta (Itoh, 1982, 83-4).

Como vemos, esto es equiparable de manera conceptual al sistema compositivo planteado por Kahn, con el que, sin embargo, es importante establecer una diferenciación en lo que a la formalización del estilo *sukiya* se refiere. Y es que, frente al agrandamiento de la estructura planteado por Kahn, el estilo *sukiya* emplea postes de sección reducida que serían impensables en los estilos arquitectónicos en los que un entramado estructural uniforme define el marco espacial del edificio (Nakagawa, 2016, 168). El estilo *sukiya* se concreta principalmente, por tanto, en edificaciones de una única planta que se expanden en horizontal, debido al propio adelgazamiento de la estructura que lleva aparejada, además, la necesaria multiplicación de los soportes (Itoh, 1982, 94). Es en este sentido que esta arquitectura puede asemejarse conceptualmente más a las propuestas miesianas que a las de Kahn.

Dando nuevamente un salto, abordaremos ahora la manifestación de estos mecanismos compositivos espaciales y organizativos en la definición de varias obras de la arquitectura japonesa contemporánea, en las que alguna de las partes del edificio, o su totalidad en la mayoría de los casos, se basa precisamente en la presencia de un espacio unitario definido por una cubierta y una retícula de pilares, cuya imagen se asimilará compositivamente, en mayor o menor medida, con la imagen del bosque.

El primero de los proyectos a los que nos referiremos es la Estación de policía de la zona oeste en Okayama (1993-96) de Arata Isozaki, y en concreto a la zona de acceso al edificio. Esta se resuelve mediante una retícula de cincuenta y cinco pilares de hormigón, de los cuales quince entran dentro del edificio y los otros cuarenta conforman la columnata de acceso. Estos pilares de forma cilíndrica y dieciséis metros de altura, se ubican siguiendo una retícula uniforme y bidireccional de cuatro metros de separación, lo que enfatiza la sensación de verticalidad y la delgadez de los soportes, que quedan recogidos en su parte superior en una losa plana y alargada de forma rectangular también de hormigón que actúa como cubierta, configurando un espacio único bajo este elemento.

Dada la altura de los pilares y la consiguiente separación de la cubierta respecto del suelo y, por tanto, respecto de la zona de paso de los usuarios, son los pilares los encargados de configurar la experiencia del espacio, en la que Isozaki trata de reproducir un entorno boscoso ficticio y abstracto, contrapuesto al espacio delimitado y "real" que conforma la pieza que se sitúa en continuidad a la columnata (Oshima, 2009, 88). El resto del edificio lo conforma un volumen trasero de las mismas dimensiones que el conjunto de los dos elementos delanteros, el cual se separa de ellos por una grieta que los independiza enfatizando su carácter representativo.

Otro proyecto en el que se presta especial atención compositiva al trabajo sobre la cubierta y la retícula es la Residencia de Ancianos de Yatsushiro (1992-93) de Toyo Ito, a la que nos hemos referido en el capítulo anterior. El edificio, de planta rectangular y alargada, se remata mediante una cubierta metálica sustentada en delgados pilares de acero y costillas estructurales de hormigón. Por el propio programa del edificio, que se organiza en varios volúmenes que albergan los diferentes usos y se desarrollan bajo la gran cubierta, ésta no se aprecia como un elemento tan representativo, salvo en los espacios de acceso y en algunos puntos de la fachada trasera. Sin embargo, la cubierta se trabaja en este edificio como un elemento representativo y relativamente independiente de lo que ocurre debajo de ella. Esto se aprecia especialmente en estas zonas de acceso mencionadas, en las que los cerramientos se retranquean, y en las terrazas de la planta primera, ambas zonas en las que puede verse esta independencia de la cubierta, que se entiende como un plano continuo que se coloca encima de los volúmenes que contienen el programa, algo similar a lo que podemos ver en el edificio del Palacio de Justicia de Chandigarh, en el que, como reconoce, Ito se inspira para la solución de este edificio (Ito, 2000, 156-8).

La retícula de delgados pilares de acero sigue un ritmo estructural ordenado, marcado por las crujías establecidas por el programa habitacional, pero puede entenderse también como un elemento sobrepuesto a las divisiones y cerramientos que lo determinan, ya que sale al exterior para sujetar la cubierta separándose de los volúmenes construidos o, incluso, apoyándose y continuando por encima de ellos allí donde estos no llegan a la cubierta.

Uno de los proyectos en los que se trabaja de forma más concreta sobre estas ideas es la Terminal de transbordadores de Naoshima (2003-06) de SANAA, en la que se construye un edificio marquesina formado por una gran cubierta de forma rectangular, de unos setenta por cincuenta metros, soportada por una retícula de 6.75x6.75 m de delgados pilares de acero de tan sólo 85mm de diámetro y algo más de cinco metros de altura en el punto más alto. En el interior de este espacio cubierto se delimitan tres áreas de diverso tamaño mediante cerramientos de vidrio de suelo a techo, las cuales contienen las funciones específicas del programa, y una pequeña caja de hormigón de menor altura que contiene los baños.

Este proyecto es el que podemos considerar más próximo a los planteamientos de Mies, en el sentido en que el edificio se entiende como una gran cubierta flotante, según se representa ya desde algunos dibujos iniciales, sustentada por una estructura que reduce su presencia al mínimo a fin de conseguir este efecto. Para ello, los pilares se adelgazan al máximo y se pintan de color blanco, y una serie de pantallas estructurales de mayor dimensión, necesarias para soportar los empujes laterales, se recubren con un acabado reflectante que permite que apenas se perciba su presencia.

Fig. 5.2 - Vista elevada, al nivel de la cubierta del barco a la llegada a la Terminal de transbordadores de Naoshima, obra de SANAA (2003-06). Fot. Autor del libro, 2016.

Fig. 5.3 - Espacio bajo la cubierta de la Terminal de transbordadores de Naoshima. Se puede aprecia la retícula uniforme de pilares. Fot. Autor del libro, 2016.

Aún con ciertas semejanzas, pueden establecerse claras diferencias con los planteamientos de Mies, especialmente en lo que respecta a los dos planos horizontales que delimitan el espacio, ya que en la Terminal de Naoshima ninguno de ellos es perfectamente horizontal. En el caso de la cubierta, el plano se inclina ligeramente, pero es en el suelo donde la diferencia es más sustancial, ya que se plantea una leve topografía no muy marcada pero, sin duda, apreciable, que hace que el suelo pueda entenderse como una especie de reproducción construida del terreno natural existente, de tal forma que se enfatiza la idea de estructura ligera posada sobre el suelo.

Bien es cierto que en estos proyectos, especialmente en los dos últimos, encontramos un adelgazamiento expresivo de la estructura similar al que podríamos ver en la arquitectura del estilo *sukiya*, pero, en todo caso, su sistema compositivo es conceptualmente más cercano al planteamiento arquitectónico basado en el empleo de una gran cubierta unitaria y un entramado estructural uniforme y, por tanto, más semejante a las ideas de Mies, con una retícula homogénea que disimula su presencia, y del estilo *shinden*, enfatizando la continuidad horizontal del espacio.

Estos proyectos presentan un sistema compositivo demasiado "arquitectónico" para poder rastrear en ellos la presencia de referencias a la imagen del bosque, pero nos sirven para establecer una clara referencia a dos temas que estaban presentes en la arquitectura tradicional y que, de alguna forma, puede entenderse que han tenido su traslación al ámbito de la arquitectura moderna. Estos son la idea de una arquitectura entendida como cubierta y la de una arquitectura entendida como entramado (Nakagawa, 2016, 8).

La atención a la manipulación expresiva de estos elementos, cubierta y entramado estructural, alejada de la uniformidad de los ejemplos previos, será la que nos permita acercarnos a una imagen abstracta de bosque en las siguientes obras de estudio. En todas ellas se da, además, una cierta combinación de los dos planteamientos en los que nos hemos apoyado hasta el momento, con la creación de un espacio de carácter unitario desarrollado bajo una cubierta continua, propio de los estilos *shinden* y del Movimiento Moderno más temprano, unido a la libertad de distribución de los soportes propia de planteamientos modernos posteriores y del estilo *sukiya*.

La ruptura con la uniformidad de la retícula será el primer punto de ataque respecto de los planteamientos prototípicos del Movimiento Moderno a los que nos hemos referido. Esta idea es característica de una serie de proyectos, de-

sarrollados fundamentalmente alrededor de los años 90 del siglo XX, como el Kunsthal (1987-92) de Rotterdam o el proyecto para el Centro de convenciones de Agadir (1990) ambos proyectados por OMA, o la Mediateca de Sendai (1996-2001) de Toyo Ito. En estos se buscará dotar de expresividad a la estructura mediante diversos mecanismos, como la introducción de soportes de diversos tamaños (Agadir), de materiales, acabados y secciones diferentes (Kunsthal) y de un agrandamiento de la estructura que le permite contener espacio en su interior (Sendai), a la vez que, en todos ellos, se conserva una cierta idea de disposición en retícula que se ve deliberadamente alterada en diversos puntos.

En estos proyectos se ataca a la definición del espacio continuo y diáfano definido tanto por Mies como por Le Corbusier y no sólo es la retícula la que se ve modificada en su isotropía, sino también lo son los planos horizontales, en algunos casos, como elementos definidores de ese espacio continuo. Sin embargo, por la propia complejidad de estas propuestas, parecen un poco más próximas, al menos a nivel del conjunto del edificio, al sistema apilable definido por Le Corbusier que a los sencillos pabellones de una sola planta proyectados por Mies.

Serán precisamente esos edificios "marquesina" miesianos los que pueden entenderse como referentes más próximospara los proyectos de los que nos ocuparemos principalmente en este apartado, los cuales pueden considerarse evoluciones de esas sencillas estructuras miesianas conformadas por una cubierta y una retícula de pilares. Evoluciones que se apoyan en el uso de referencias metafóricas que tienen en el bosque, en mayor o menor medida, su imagen de referencia.

Fig. 5.4 - Kunsthal de Rotterdam, obra de OMA (1987-92). Vistas desde la avenida superior en las que se aprecian los pilares de diversos materiales y secciones en el pórtico de fachada. Fot. Autor del libro, 2004.

Entramados heterogéneos y vacíos organizadores

En el Park Café de Koga (1995-98), SANAA construye un pequeño pabellón que alberga una cafetería situado en el entorno natural de un parque. El edificio, de planta rectangular y una única altura, queda definido entre dos planos horizontales, un suelo de hormigón y una delgada cubierta de color blanco, que configuran un sencillo ámbito cubierto, en el que se delimitan una zona central cerrada mediante paños de vidrio y dos zonas laterales, a ambos lados de este ámbito central, cubiertas pero no cerradas.

La cubierta del pabellón se sustenta mediante una retícula de delgados pilares cilíndricos de acero de color blanco que se convierten en los protagonistas compositivos del espacio, junto a los dos planos horizontales. Además de estos pilares, aparecen varios soportes cuadrados de mayor dimensión y pequeñas pantallas, cuya misión es contrarrestar y soportar los empujes laterales, que se recubren de espejos para minimizar su presencia, en una solución que los autores volverán a utilizar en la Terminal de Naoshima. Sin embargo, hay una diferencia significativa entre ambos, y es la disposición de los soportes, ya que en Naoshima la retícula es bidireccional y homogénea, y los pilares se separan lo máximo que permite la propia solución estructural y las condiciones de uso. Por el contrario, en el Park Café, estos se sitúan siguiendo una retícula base de tan sólo 1.20x1.20 metros, con un adelgazamiento de la sección hasta los 65mm de diámetro.

Analizado individualmente, el pilar de Koga comparte esta tendencia a la desaparición o a la minimización de su presencia propia de la retícula miesiana o de la empleada en Naoshima, recurriendo a mecanismos semejantes como el uso del color blanco o el adelgazamiento de la sección. Sin embargo, en el conjunto de la planta se produce una multiplicación de pilares apoyada en el pequeño intereje de la retícula, que rompe con esta reducción de la presencia del pilar, haciendo que cambie su percepción y convirtiendo el delgado soporte vertical, por medio de su densificación, en un elemento organizador del espacio de forma semejante a como podrían serlo muros o tabiques, pero sin la construcción de ningún límite físico, sino virtual[2]. En este sentido, los arquitectos distribuyen los pilares con cierta libertad sobre la retícula de referencia, ocupando tan sólo algunos de los puntos de cruce de las líneas imaginarias que la definen. De esta forma, se generan áreas de mayor o menor densidad de soportes, con las zonas de menor densidad que pueden asemejarse a claros en el bosque, delimitando áreas estanciales de diversos tamaños.

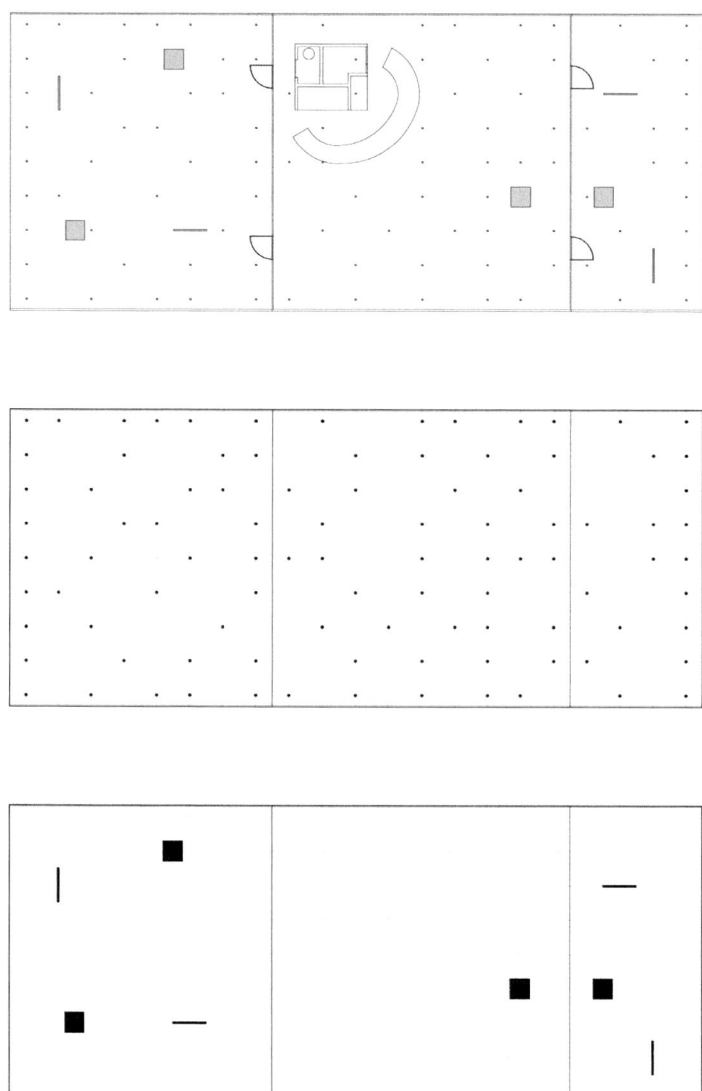

Fig. 5.5 - Planta del Park Cafe de Koga, obra de SANAA (1995-98) y diagramas en los que se señala la posición de los pilares en la retícula estructural (arriba) y la posición de los soportes y pantallas que arriostran la estructura (abajo). Dib. Autor del libro.

Si bien, tanto la forma y materialidad de la cubierta como del plano del suelo sugieren el trabajo sobre un objeto abstracto, que se posa como una entidad arquitectónica unitaria sobre el lugar, la imagen de los pilares así dispuestos se hace reconocible y evocadora de un posible entorno natural. Esta doble naturaleza de los elementos arquitectónicos guarda una cierta relación con algunos de los planteamientos de Kazuo Shinohara, especialmente los que podemos encontrar en obras como la Casa Tanikawa (1974), en la que Shinohara proyecta un espacio abstracto en el que los elementos estructurales tan sólo tratan de manifestar su función estructural pero que, sin embargo, adquieren cualidades representativas metafóricas por su propia configuración formal (2G, 2011, 273).

De forma semejante, SANAA trabajan en el Park Café de Koga con un espacio abstracto y abierto, escasamente definido mediante unos pocos elementos. La intención del proyecto es la de crear un "lugar" que sea parte de la naturaleza, más que la de colocar un "objeto" en ella, según las propias palabras de los arquitectos (El Croquis, 2000, 220). Esta condición del edificio muestra una clara relación con las ideas de una arquitectura entendida como "campo" frente a una arquitectura entendida como "objeto" planteadas por Stan Allen en algunos de sus escritos de los años 90 (Allen, 1999, 92), así como con planteamientos semejantes propuestos por Toyo Ito, éste último mentor de Kazuyo Sejima y Ryue Nishizawa. A diferencia del carácter más abstracto y puramente compositivo u organizativo de los planteamientos de Allen, tanto las ideas de Ito como las de SANAA tratan de materializarse en la forma de una asociación a una posible imagen natural, de carácter más conceptual que específico, vinculada a la fenomenología de la propia experiencia de los usuarios[3].

Fig. 5.6 - Vista exterior del paseo y del edificio del Park Cafe de Koga. Fot. Autor del libro, 2016.

Fig. 5.7 - Vista de uno de los espacios laterales, cubiertos pero abiertos, del Park Cafe de Koga.
Fot. Autor del libro, 2016.
Fig. 5.8 - Espacio interior del Park Cafe de Koga. Fot. Autor del libro, 2016.

173

Así surge la idea de "arquitectura como jardín", defendida por Ito (Ito, 2000, 142), que tiene su reflejo en el planteamiento de "arquitectura como parque" propuesto por SANAA, entendida esta como la generación de espacios de carácter múltiple, en los que coexistan simultáneamente diversas escalas y en los que el usuario pueda encontrar un lugar acorde a sus necesidades a través de su deambular por el edificio[4].

Aún con estas referencias, ambas ideas no suponen una materialización que refiera de forma exclusiva e inmediata a una imagen natural. Quizá la forma más ajustada de acercarnos a esta idea sea a través de las palabras de la propia Sejima en las que define su visión de la arquitectura "como una especie de escenario abierto que debería servir para enfatizar la libertad de movimientos" (El Croquis, 2000, 25). Se construye así una arquitectura vacía y escasamente definida, un edificio compuesto tan sólo por una tapa, un suelo y unos delgados filamentos que permiten entenderlo como esa especie de marquesina que permite ver a través, y cuyos únicos paramentos verticales de una mayor dimensión y que conforman los cerramientos recogen en sí el verdor circundante, ya sea mediante el reflejo en las superficies espejadas o mediante unos vinilos de color verde colocados en los vidrios de dichos cerramientos. Probablemente sea este entendimiento, la creación de este lugar arquitectónico, el que permite alcanzar una notable integración de un edificio de color blanco y formas tan claramente delimitadas en un entorno natural repleto de vegetación como es el Parque de Koga en el que se asienta el edificio.

Fig. 5.9 - Vista del paseo y del edificio del Park Cafe de Koga en relación al entorno en el que se ubica. Fot. Autor del libro, 2016.

En el Edificio para talleres del Instituto de Tecnología de Kanagawa (2008), al que nos referiremos como KAIT, Junya Ishigami plantea una propuesta semejante a la del Park Café de Koga[5], pero en un edificio de un tamaño sensiblemente mayor. Al igual que éste, el KAIT está definido por escasos elementos: dos planos horizontales, suelo y cubierta, un cerramiento de vidrio, y una multitud de delgados pilares de acero. De planta con forma de cuadrado ligeramente deformado, los cerramientos, a diferencia de lo que veíamos en Koga, son coincidentes con el perímetro del edificio y con los límites de suelo y techo, configurando un único espacio interior continuo que contiene una zona de talleres abierta, sin ninguna zona interior compartimentada. Esta posición del cerramiento supone una diferencia significativa respecto al proyecto de Koga, cuyos límites son más difusos y variables, tanto por la presencia de los dos espacios cubiertos pero abiertos laterales como por el cerramiento móvil que conforma la fachada hacia un pequeño lago. Por el contrario, el KAIT cuenta con un límite espacial claramente marcado y definido. No encontramos aquí esa sensación característica de la arquitectura tradicional de estar en un espacio semiabierto que puede entenderse a la vez como interior y exterior, el *engawa*. En el KAIT, una vez que traspasamos su acceso, entramos en una realidad completamente autónoma y separada del exterior, aun cuando esta separación se hace por delgados paños de vidrio.

Fig. 5.10 - Edificio para talleres del KAIT en Kanagawa, obra de Junya Ishigami (2008).
Fot. Autor del libro, 2016.

Esta salvedad, que podría entenderse no tan significativa, cobra importancia si consideramos las ideas que el autor expone sobre el edificio. Ishigami, en el KAIT, reflexiona sobre la posibilidad de "crear un espacio que los usuarios pudieran usar libremente y dentro del cual pudieran descubrir nuevas actividades", al que equipara con un entorno natural, o un "espacio exterior dentro de un interior". En resumen, se trata de crear un espacio que pueda entenderse como un tipo de paisaje o nuevo "medio ambiente" dentro de la arquitectura (Ontiveros, 2014, 194-5).

Indudablemente, este planteamiento sigue la retórica vinculada a la creación de "lugares" en lugar de "objetos" ya planteada por Toyo Ito y SANAA a la que nos hemos referido, e incorpora, además, las mismas alusiones a la arquitectura como entorno que los usuarios deben descubrir y del que deben apropiarse a través de ese descubrimiento. Esto queda nuevamente recogido en las palabras del propio Ishigami:

(...) intento evitar pensar en objetos aislados pues lo que me interesa siempre es la búsqueda de algún tipo de relación con el entorno. (Ontiveros, 2014, 197)

Fig. 5.11 - Vista del espacio interior del edificio para talleres del KAIT. Fot. Autor del libro, 2016.

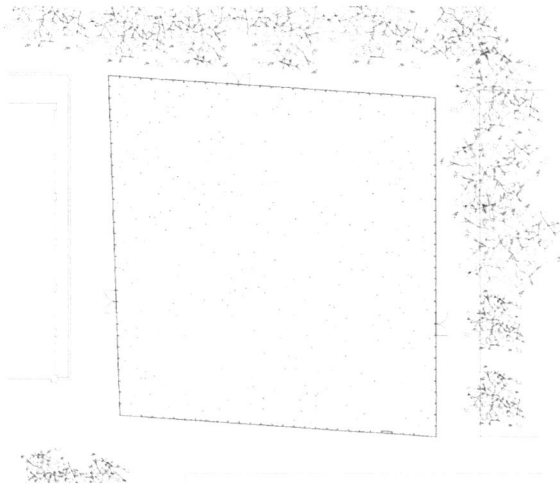

Curiosamente y como veníamos anticipando, en el caso del KAIT esta relación con el entorno no puede entenderse, a nuestro juicio, de forma literal. No se trata de la integración en el entorno natural en el que se ubica de un edificio abierto como el Park Café de Koga, entendiendo el edificio como ese escenario abierto al que se refiere Kazuyo Sejima. El KAIT se ubica en un entorno arquitectónico de un campus universitario, con algunas zonas verdes y cierto arbolado próximo, pero sin que se pueda considerar un entorno natural por sí mismo. ¿Cuál es entonces esa relación del edificio con el entorno? A nuestro juicio, lo que Ishigami trata de construir es una relación con un paisaje mental, un entorno conocido y, por tanto, reconocible por los usuarios, pero que no se encuentra necesariamente próximo, sino que forma parte del inconsciente colectivo[6].

La percepción de este paisaje interior que plantea Ishigami está claramente vinculada a la presencia de los pilares metálicos que sustentan la cubierta y a su posicionamiento en el espacio. A diferencia de lo que ocurría en Koga, aquí cada uno de los 305 soportes es diferente, variando tanto en la sección rectangular concreta que lo define como en su espesor y tamaño. Además, su disposición se ha liberado ya, aparentemente, de referencia alguna a cualquier tipo de retícula organizadora, si bien es cierto que la estructura de la cubierta se resuelve mediante un conjunto de dos niveles de vigas superpuestas que recogen las posiciones aleatorias de los soportes, generando un sistema geométricamente ordenado más próximo, precisamente, a una forma de retícula, aunque no completamente isótropa.

Fig. 5.12 - Planta del edificio para talleres del KAIT. Dib. Autor del libro.

En la cubierta, la completa homogeneidad del plano horizontal, que veíamos en proyectos como los de Koga y Naoshima, y que se asemeja a la
de las cubiertas planas propuestas por Mies en edificios como el Pabellón
de Barcelona, se ve sustituida por un entramado complejo de elementos
lineales. Además, el propio plano de cubierta se ve interrumpido por la
presencia de lucernarios lineales que introducen luz al interior del espacio.
Esto se hace necesario, a diferencia de lo que ocurría en los proyectos mencionados, por la escasa altura del edificio unida a la gran dimensión del espacio en horizontal, lo que supondría una gran dificultad de ser iluminado
exclusivamente a través de sus fachadas. Estos lucernarios, que atraviesan
la cubierta de lado a lado, no suponen, sin embargo, un sistema de orden
diferenciador, al disponerse de manera que se produce una iluminación
más o menos uniforme, algo característico de los espacios de cualidad semejante que se encuentran habitualmente en los edificios de talleres de las
arquitecturas industriales.

La sencilla estructura resultante de la superposición de los sistemas de
pilares y vigas recuerda, además, a la de las marquesinas que podemos
encontrar en diversos templos y espacios públicos en Japón, cuya función
es la de servir de soporte a variados elementos vegetales y, fundamentalmente, la de generar pequeños espacios de sombra, por lo que la propia
estructura puede entenderse como una especie de marquesina que genera
en su interior un paisaje de sombra. Sin embargo, Ishigami no parte de
ninguna imagen específica a la hora de abordar el diseño del edificio, sino,
más bien, trata "de crear una imagen a partir de nuevas relaciones entre la
arquitectura y su entorno" (Ontiveros, 2014, 200). En todo caso, el propio
Ishigami, a la hora de publicar el proyecto en diversos medios, recurre
a imágenes y metáforas reconocibles asociadas, fundamentalmente, a la
disposición de los pilares. Así, el esquema de su disposición en planta se
relaciona con la disposición de las estrellas en una constelación. Al pasar

Fig. 5.13 - Maqueta de la estructura del edificio para talleres del KAIT. Exposición "Japan-ness",
Museo Pompidou de Metz. Fot. Autor del libro, 2017.

de la bidimensionalidad de la planta a la tridimensionalidad del espacio, la relación entre los soportes pasa a ser la de los árboles de un bosque. Ambas imágenes aluden, como vemos, a leyes de formación semejantes, basadas en la generación de un "todo" o sistema inicialmente ilimitado, que se conforma por la disposición de elementos puntuales en un espacio vacío y conceptualmente neutro, y por las propias relaciones locales que se establecen entre dichos elementos puntuales[7], estrellas o árboles en las imágenes propuestas por Ishigami.

La posible cualidad ilimitada del espacio queda restringida por los cerramientos de vidrio, que se entienden como elementos contingentes vinculados a unas condiciones programáticas y del lugar concretas, y que son los encargados de demarcar este "lugar" arquitectónico potencialmente ilimitado. En este sentido, los cerramientos de vidrio del KAIT actúan en la definición del edificio de forma semejante a como lo hacían las fachadas de vidrio de la Mediateca de Sendai de Toyo Ito, a los que este se refiere como simples planos de vidrio que condicionan la realidad de la arquitectura, conteniendo una porción del espacio natural convertida en edificio (Ito, 2000, 234).

Fig. 5.14 - Estructura de madera para apoyo de elementos vegetales, Templo Byōdō-in de Uji. Fot. Autor del libro, 2016.

Otro aspecto relevante que ayuda a la generación de esta idea de lugar natural es la falta de jerarquías en el uso del edificio, manifestada precisamente en la falta de diferenciación entre las fachadas, lo que se aprecia claramente en la disposición de los accesos. No hay una fachada que se entienda como principal, siendo todas prácticamente equivalentes, y el acceso al espacio no se realiza por áreas de acogida diferenciadas, aunque sí se produce una matización sutil de estos puntos respecto de otras zonas del edificio, pero sin establecer una direccionalidad de uso marcada.

Como hemos comentado, Ishigami se refiere a la imagen de bosque como resultado último del sistema compositivo empleado en el edificio, y no como inspiración del mismo (Ontiveros, 2014, 200). Sin embargo, son varios los mecanismos organizativos que emplea y que refieren a esa imagen. No solo se trata de la propia disposición de los pilares, agrupados en áreas de densidades diferentes que generan diversos ámbitos y zonas de uso, sino, sobre todo, la organización perceptiva del espacio, que encauza de forma sutil los recorridos basándose precisamente en esta diferente densidad de ubicación de los pilares. Se forman así espacios de menor densidad de pilares, "claros", que permiten la orientación y dirigen los recorridos de los usuarios, generando áreas de remanso de las circulaciones de forma perceptible pero sin una definición estricta. Ryue Nishizawa se refiere precisamente a la sensibilidad vinculada al bosque haciendo hincapié en la lectura del espacio basada en el reconocimiento de sus elementos organizadores, de estos claros, como zonas abiertas y despejadas que sirven de guía en un entorno indeterminado[8].

Fig. 5.15 - Vista del espacio interior del edificio para talleres del KAIT. Fot. Autor del libro, 2016.

A esta organización del espacio contribuyen la disposición del mobiliario y de algunas macetas con plantas, que ayudan a establecer las zonas de uso y circulación y que, junto con los elementos puramente "arquitectónicos", ayudan a la definición completa de su realidad perceptiva, y es que, como señala Josep María Montaner, para Ishigami:

> (...) el mobiliario y la naturaleza tienen la misma importancia que el contenedor, la estructura o los límites. La estructura, los límites y la vegetación son equivalentes y se dibujan con la misma intensidad. (Montaner, 2014, 171)

Pero esto no es todo. En esta definición arquitectónica hay que incorporar un factor que será clave para Ishigami, al igual que lo era para Toyo Ito o SANAA, y que de la misma forma proviene de una concepción del espacio ya presente en la arquitectura tradicional. Este factor es el usuario. Quizá sea Fernando Espuelas quien mejor refleje esta necesidad al decir que:

> (...) el espacio interior de la casa tradicional japonesa es un marco neutro que no se activa sino con la presencia personal. (Espuelas, 1999, 68).

Como ya hemos anticipado, tanto en el proyecto de Koga como en el de Kanagawa, se pueden apreciar ciertas similitudes con algunos aspectos de la arquitectura tradicional japonesa, como son el carácter potencialmente ilimitado del espacio[9] y una conjunción de las cualidades propias de los estilos *shinden* y *sukiya* a las que nos hemos referido. Esto se manifiesta en una forma global unitaria que define los límites del edificio y una organización espacial basada en la libre disposición de soportes, que genera ámbitos estanciales sutilmente diferenciados perceptibles a través del uso del espacio[10].

Esta leve indeterminación y fluidez del espacio, que ya hemos vinculado a la idea de bosque, Kazuyo Sejima y Ryue Nishizawa la relacionan con las propuestas modernas de Mies van der Rohe o, incluso, con las de Frank Lloyd Wright, en relación a su ruptura del espacio caja, que da lugar a una arquitectura entendida como una especie de primitivo asentamiento humano, vinculado a la tierra y en cierto modo integrado en el entorno natural, y en el que el espacio habitable queda definido con unos pocos elementos. Un plano horizontal, unos soportes[11].

La curva como resonancia del paisaje

Para SANAA, la perseguida integración o unidad del edificio con el entorno pasa por considerar la propia arquitectura como un elemento del paisaje (El Croquis, 2020, 8). Una evolución de la idea de bosque que hemos visto hasta ahora consiste en la incorporación de la curva natural a la forma del edificio, de manera que su propia presencia remite a su pertenencia al paisaje[12]. En este sentido, el uso de la curva afectará principalmente a la forma de los planos horizontales, los cuales, en las propuestas vistas hasta ahora, se resolvían mediante contornos rectos perfectamente definidos, estableciendo de esta forma unos límites mucho más rígidos entre edificio y entorno. Es por esta variación formal que la cubierta pasará a ser el principal elemento expresivo, complementado en todo caso por el entramado vertical de pilares que verá, eso sí, condicionada su disposición a la de la forma que dibuja la cubierta.

En el Pabellón temporal para la Serpentine Gallery en Londres (2009) y el Café J-Terrace en Okayama (2012-14), SANAA trabajan con una cubierta de formas sinuosas, lo que también tiene su reflejo en la propia silueta del suelo que delimita las áreas estanciales del edificio. La cubierta pierde, además, su completa horizontalidad, generando áreas estanciales diferenciadas, definidas no sólo por los cambios de densidad de los soportes, sino por las variaciones de altura del espacio y de forma del propio contorno de la cubierta, en un claro paralelismo con los espacios no uniformes que encontramos en un entorno natural como el de un bosque.

Fig. 5.16 - Pabellón temporal para la Serpentine Gallery en Londres, obra de SANAA (2009). Hisao Suzuki, 2009.

Ambos edificios se asientan en zonas verdes y arboladas; los Kensignton Gardens londinenses en el primer caso, y en el acceso al Campus de la Universidad de Okayama, y rodeado de ginkgos, el segundo. Así, el uso de la forma sinuosa en la cubierta busca una mejor adaptación del edificio a las condiciones del lugar, en una ruptura de la uniformidad global de la forma del edificio, algo a lo que ya nos hemos referido como cualidad característica de la arquitectura japonesa tradicional, en concreto, del estilo *sukiya*.

En una descripción cargada de poética, los propios arquitectos se refieren al edifico inglés como un "pabellón de aluminio que 'flota' libremente entre los árboles del parque cual humo" (El Croquis, 2011, 21). Esta idea puede apreciarse especialmente en los dibujos con los que los autores presentan el pabellón, en los que la presencia del edificio, una especie de forma nubosa de color blanco, se asemeja a la de las nubes que pueblan algunas pinturas japonesas tradicionales. Sin embargo, el edificio proyectado y construido, con sus delgados pilares y su cubierta revestida de planchas reflectantes de aluminio, rechaza el uso del color blanco y recoge en su superficie el verdor del entorno. Es por esto que esta asociación con el humo puede tener que ver más con esa presencia incierta y con la propia fluidez de la forma, que parece extenderse sin una dirección establecida y sin una razón geométrica reconocible que la sustente, y los croquis del proyecto podrían incluso corresponder de forma más ajustada con el proyecto para Okayama.

Fig. 5.17 - Vista aérea del Café J-Terrace en Okayama, obra de SANAA (2012-14). Ken Lee, 2016.

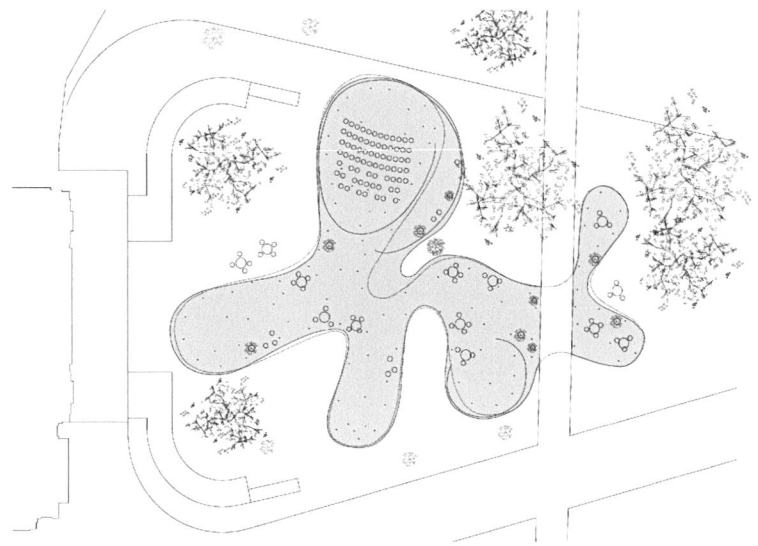

Utilizando una terminología característica, los autores describen el edificio de Londres como una "extensión resguardada del parque" (El Croquis, 2011, 21) o un "parque dentro del parque" (GA Architect, 2011, 193). Y es así que, teniendo como referencia al propio parque circundante y la naturaleza presente en él, podemos equiparar la idea del edificio con la imagen del arbolado y del paisaje circundante. No sólo eso, sino que su propia resolución formal busca la adaptación a los ámbitos existentes definidos por los árboles y los paseos, de tal forma que no sólo se trata de la construcción de un objeto que se relaciona de forma "amable" con el entorno en el que se asienta, sino que puede entenderse como de su misma naturaleza, de forma semejante a lo que ocurre en el edificio de Okayama.

A diferencia de lo que veíamos en los proyectos de Koga y Kanagawa, la práctica totalidad del pabellón londinense carece de cualquier tipo de cerramiento, salvo por unos pequeños muros construidos mediante paneles acrílicos que no llegan a tocar la cubierta, y que delimitan dos áreas con funciones concretas. Son por tanto elementos añadidos y que ni siquiera se dibujan en las secciones. Por su parte, en Okayama se da una solución semejante a la de Koga, pero con un área cerrada de muy reducidas dimensiones, y bastante retranqueada respecto al límite de la cubierta, lo que hace que pase prácticamente desapercibida, salvo por el elemento opaco que encierra una pequeña cocina y unos aseos.

Fig. 5.18 - Planta del Pabellón para la Serpentine Gallery del año 2009. Dib. Autor del libro.

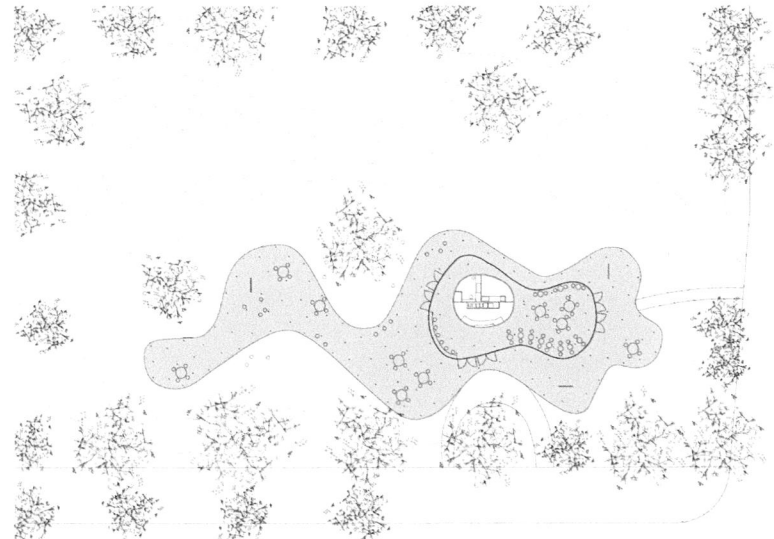

Si nos referíamos al proyecto de Londres como una forma que se expande sin una dirección establecida, en el caso de Okayama sí responde a una cierta idea de direccionalidad o linealidad que se establece en paralelo a los árboles existentes en el lugar, configurándose como una pieza de borde que sirve tanto al Campus, que se sitúa a un lado, como al vecindario, situado al otro, de tal forma que el edificio sirve de mediador entre ambos, según la intención definida por los arquitectos (El Croquis, 2015, 144).

En ambos proyectos, la forma del edificio muestra una falta de jerarquía en su uso, característica de los proyectos del estudio, lo que enfatiza esa pretendida cualidad que se busca en la que la arquitectura actúa como catalizador a la hora de generar nuevas relaciones, vinculadas a la libertad de los usuarios para descubrir las posibilidades de uso que estos espacios proponen, algo que se asemeja nuevamente a los referentes espaciales naturales establecidos y que queda reflejado en la siguiente descripción del edificio londinense:

> (...) bajo la cubierta todo el espacio es de la misma condición que la de los jardines de alrededor (...) El día de la inauguración veíamos a la gente relajarse (bajo la cubierta) justo igual que como lo hacen bajo los árboles. (GA Architect, 2011, 193)

Fig. 5.19 - Planta del Café J-Terrace en Okayama. Dib. Autor del libro.

Una cuestión que debemos preguntarnos es si realmente el tipo de cubiertas resueltas mediante estas formas planas y sinuosas que SANAA emplea en los proyectos de Londres y Okayama puede entenderse como una referencia a las formas presentes en la naturaleza y si, como tal, su uso supone la alusión a un código que sea reconocible y comúnmente aceptado. La respuesta a esta pregunta la encontramos en diversas maneras de representar las formas naturales y, en concreto, las vegetales, que se han dado a lo largo del siglo XX tanto en la arquitectura como en el arte.

En arquitectura, es frecuente encontrar proyectos en cuyas plantas dibujadas aparecen masas de árboles representadas mediante formas planas y sinuosas, códigos abstractos que reflejan planos horizontales que delimitan áreas irregulares ocupadas por una vegetación indeterminada. Este tipo de representación la encontramos en diversos proyectos de Le Corbusier, especialmente de los años 50 y de una cierta escala, como el proyecto de Unidades de Habitación en Meaux de 1957, frente a la representación más precisa y concreta del arbolado que el maestro suizo emplea sobre todo en su arquitectura residencial anterior, y en la que los árboles se tratan como elementos independientes y diferenciados[13]. Tanto Kazuyo Sejima como Ryue Nishizawa han empleado este tipo de representación a partir de formas abstractas en diversos proyectos de menor escala, incluso cuando se trata de representar árboles concretos, pero, curiosamente, en los dos proyectos que nos ocupan, los árboles aparecen representados en planta como entidades puntuales. No como una masa irregular e indefinida, sino uno por uno, representándose fundamentalmente a través de su ramaje.

En los casos en los que, tanto Le Corbusier como SANAA, recurren a la representación del arbolado a partir de formas sinuosas abstractas, los árboles se presentan como masas que se rellenan con un sombreado, ya presente este cierta textura, en el caso de Le Corbusier, o aparezca coloreado, en los dibujos de SANAA, entendiéndose como una especie de mancha, una superposición de algo tenue y contingente que acompaña y complementa a una arquitectura de formas rectas y claramente delimitadas, aunque sin que se establezca demasiada interacción directa entre ambos elementos.

En el siglo XX, el uso de este tipo de representación de la naturaleza tiene como referente fundamental la obra de Jean Arp, destacando al respecto especialmente sus relieves, en los que explora profusamente este tipo de formas sinuosas. "La forma se convertía en lo informe, lo finito en lo infinito, lo particular, se convertía en el todo" (Arp, 1985, 53), dirá Arp, y es que,

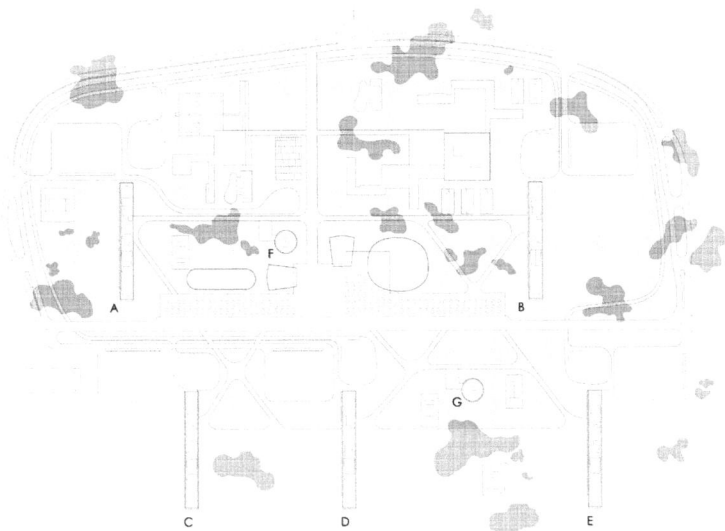

para él, cualquiera de sus representaciones refleja las posibilidades de todo el universo natural. Una misma forma, una misma obra, puede representar a la vez una nube o un pétalo, una roca o un elemento vegetal. Y es que la curva, este tipo de curva libre y no matemática, sino trazada por una mano humana, es el lenguaje de la naturaleza y en este están recogidos todos sus elementos, todas sus posibles manifestaciones. Esta misma idea está presente también en el jardín japonés tradicional, incluso en autores del siglo XX como Mirei Shigemori, los cuales tienen un conocimiento y un control exhaustivos del uso de este tipo de curvas en sus jardines, evocando lo natural mediante lo construido, hasta conseguir hacer pasar lo que es artificial, y fruto de la mano del ser humano, por una creación de la naturaleza (Nitschke, 1993, 10).

Como si se estuviera haciendo eco de las palabras de Arp o del saber condensado en el jardín japonés, Ryue Nishizawa se refiere al uso de la curva natural en los siguientes términos:

> (…) una curva orgánica no tiene que tener una forma específica, puede ser esa u otra (…) Incluso si cambia la forma, el concepto permanece y se parece a la naturaleza, pero es muy diferente de la naturaleza. Y puede estar muy bien junto a la naturaleza. (Ontiveros, 2014, 163-4)

Fig. 5.20 - Proyecto urbano para Meaux, Le Corbusier (1957). Las masas de vegetación se representan mediante formas sinuosas. Dib. Autor del libro.

Y es que las propias formas que emplea Arp en sus relieves no son en todo caso ajenas al ámbito de la arquitectura moderna y contemporánea japonesa, y podemos señalar que existe un paralelismo claro entre algunos de los relieves del primero y los conjuntos de formas que podemos ver en proyectos como el Marine City (1963) de Kiyonori Kikutake, en las siluetas de las islas artificiales, o en la plaza de acceso a la Estación de Kumamoto (2009-2011) del propio Ryue Nishizawa. En este último caso, esto se aprecia especialmente en las propuestas de proyecto, en las que se plantea una agrupación de formas de las que, hasta la fecha al menos, tan sólo se ha construido la de la marquesina que da acceso al edificio de la Estación.

Pero si hablamos del uso de este tipo de formas, o incluso del paralelismo de las formas de Arp con las presentes en algunas obras de la arquitectura moderna, se nos hace obligada la alusión a la figura del arquitecto brasileño Óscar Niemeyer. Bien es cierto que, para Niemeyer, el modelo directo del que deriva el uso de este tipo de formas debemos buscarlo más allá de la obra de autores como Arp, pero es indudable que las formas de éste han debido influir en la obra del primero, si no de manera directa, si, al menos, a través de la influencia que Arp tuvo en los diseños de los jardines de Roberto Burle Marx (Álvarez, 2017, 159-75), colaborador habitual de Niemeyer y, al igual que éste, inspirado además por las formas del paisaje brasileño[14].

En obras y proyectos como los de la Casa do Baile de Pampulha (1940), la Casa das Canoas en Río de Janeiro (1953), las marquesinas del proyecto del edificio COPAN en Sao Paulo (1953-66), la enorme marquesina central, hoy Museo de Arte Moderno, del conjunto de construcciones del Parque Ibirapuera (1951-2005), o incluso su influencia en proyectos como el del Pabellón de Baños Termales de Arraxá (1946) obra de Francisco Bolonha, entre muchas otras, las *marquises* de Niemeyer, con sus blancos planos horizontales de líneas sinuosas construidos en hormigón, son una forma de diálogo entre la arquitectura y el paisaje en el que ésta se asienta[15]. Y es que es precisamente este paisaje el origen de dichas formas, del que surge esta arquitectura, tal y como, ya en 1925, Rino Lévi reclamaba que debía hacer la arquitectura brasileña de la nueva era[16].

Esta referencia a Niemeyer no es en absoluto gratuita. Es precisamente una gran maqueta transitable del conjunto de Ibirapuera, con la marquesina como elemento principal, la que presidió la exposición sobre Niemeyer que tuvo lugar en el año 2015 en el Museo de Arte Contemporáneo de Tokio, y cuyo diseño corrió a cargo de SANAA. Y es en este evento que, el

22 de agosto del mismo año, Kazuyo Sejima y Ryue Nishizawa pronunciaron la conferencia titulada "We love Niemeyer" (GA Architect, 2018, 261-2), título esclarecedor que supone un claro homenaje por parte de los japoneses al maestro brasileño, y que reconoce la influencia de éste en la obra de los primeros. Y es que SANAA transforman las marquesinas planas de hormigón de Niemeyer al lenguaje, aún más leve, del acero y el aluminio. Sus curvas orgánicas, pero aún de base geométrica reconocible en algunos casos, en curvas liberadas ya de referencia alguna. Sus planos horizontales y diagramáticos, deudores en cierta medida de las cubiertas flotantes y del espacio miesianos (Philippou, 2008, 201-3), en planos ondulantes no sólo en planta sino también en sección, lo que los convierte en concretos y contingentes. Su ligera presencia de color blanco, que contrasta y a la vez evoca las formas de la naturaleza en la que se asienta, en una superficie, en proyectos como el del Pabellón para la Serpentine Gallery, que refleja y recoge en sí misma el entorno tratando de fundirse en él.

Con otra salvedad. Y es que, en los proyectos de Niemeyer, salvo en ejemplos como el de la Casa das Canoas, la marquesina nunca se trata como un elemento exento, incluso en obras en las que tiene un tamaño y una presencia tan colosal como en el conjunto de Ibirapuera. Estas marquesinas se anclan y en ocasiones conectan volúmenes de mayor altura y entidad, casi como excrecencias o prolongaciones de los mismos, como en la Casa do Baile. En algunos casos, parecen pequeños divertimentos que complementan a un volumen mucho mayor, como en el proyecto del edificio COPAN, cuyas marquesinas ni siquiera llegan a construirse. Y no son tantos los ejemplos en los que la marquesina es realmente el edificio, como en la ya citada Casa das Canoas.

Fig. 5.21 - Vista de la marquesina de hormigón de la Casa do Baile en Pampulha de Oscar Niemeyer (1940). Carlos Rodríguez Fernández y Sagrario Fernández Raga, 2014.

Por el contrario, las marquesinas de SANAA no dependen ya de ninguna otra construcción, son únicas y exentas, y no complementan a ningún otro uso. Es este otro de los aspectos que nos permite entenderlas verdaderamente como el establecimiento de lugares arquitectónicos de vocación y referencia natural, como elementos contingentes que se posan sobre el paisaje pero que, más que arquitecturas, parecen ser fragmentos cristalizados del mismo, solidificados en la forma de edificios, algo que enfatiza la materialidad de su propia construcción en acero.

El último de los proyectos al que nos referiremos carece ya siquiera de programa. Esta débil o escasa definición funcional del espacio está presente en todos los proyectos aquí referidos, y los emparenta nuevamente con los espacios miesianos, de los que Fernando Espuelas señala esta misma cualidad (Espuelas, 1999, 56).

En el Pabellón "Cubierta y setas" (2013), Ryue Nishizawa construye una marquesina de madera que debe acompañar a los movimientos de los estudiantes por un área de cierta pendiente en el campus de la Universidad de Arte y Diseño de Kioto. En esta forma de pasaje cubierto de madera, la estructura construida, tan sólo un fragmento de la totalidad del pabellón

Fig. 5.22 - Pabellón "Cubierta y setas" en el Campus de la Universidad de Arte y Diseño de Kioto, obra de Ryue Nishizawa y nendo (2013). Hisao Suzuki, 2013.

propuesto, se asemeja a las construcciones que encontramos en numerosos templos budistas japoneses conectando entre sí algunas edificaciones o cubriendo algunos recorridos, y que, al igual que el pabellón que nos ocupa, se van adaptando con su perfil a la pendiente del lugar. Y es que el pequeño pabellón trepa por la empinada ladera en la que se asienta apoyando su cubierta ondulada en una multitud de soportes de diversas alturas, entrecruzándose con el camino de subida. Esta solución parece responder más a la construcción de una especie de instalación artística, algo que brota en el lugar y que, si bien cumple una función allí donde coincide con el recorrido, en realidad carece de ella. Esta idea se ve enfatizada por el mobiliario que acompaña a la marquesina, diseñado por el estudio nendo, y que adquiere la forma de una suerte de setas-asiento que se distribuyen por el lugar sin supeditarse ni a la marquesina ni al recorrido, aunque siendo coincidentes con ambos en determinados puntos.

Curiosamente, el nombre con el que los autores denominan a la obra en japonés (GA Architect, 2018, 184) difiere ligeramente del que emplean en publicaciones en inglés o en español[17], un ejemplo más da la consabida "pérdida en la traducción" que parece ser característica al tratar de expresar cualquier concepto japonés en otro idioma. Así la denominación recogida

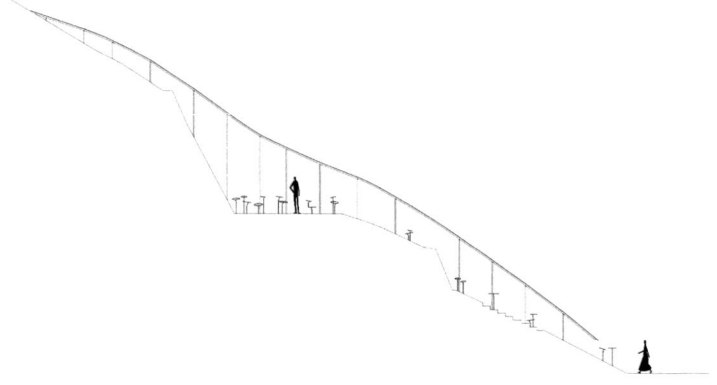

森の屋根ときのこ, leído *mori no yane to kinoko*, podría traducirse de una forma más literal como "la cubierta bosque y las setas". Este matiz, el que surge al incorporar la palabra "bosque" al nombre del pabellón, da cuenta de una intención que se nos manifiesta de forma aún más clara si nos fijamos en la planta del proyecto que aparece en la misma publicación (GA Architect, 2018, 184). En dicha planta, los árboles existentes en el lugar se representan con un círculo que contiene el *kanji* de árbol. Están identificados, pero ya ni siquiera se les da una representación que nos permita reconocerlos por su forma. Son ideogramas que hacen que los veamos como elementos separados e individuales. La unión de estos árboles no da ya lugar al bosque. Sólo el edificio es el bosque.

En las obras aquí recogidas, la idea de bosque tiene que ver con una importante abstracción de los elementos que lo componen, la cubierta o cubrición y el entramado de soportes. Un plano horizontal, definido por una forma más o menos geométrica al principio y por una forma libre compuesta de curvas naturales posteriormente. Y una multitud de elementos verticales, que se van liberando de cualquier referencia organizativa geométrica, para disponerse libremente en el espacio en función de las necesidades de la propia cubrición.

Mediante estos elementos se generan construcciones livianas y con programas apenas definidos, que acogen a los usuarios dentro de un sencillo paisaje de sombra. Como un conjunto de árboles que conforman un pequeño bosque.

Fig. 5.24 - Sección del Pabellón "Cubierta y setas", obra de Ryue Nishizawa y nendo (2013). Dib. Autor del libro.

Notas

[1] El estilo *shinden* es el estilo de las residencies nobles del periodo Heian (794-1185), mientras que el estilo *shoin* es algo posterior, de hacia el periodo Muromachi (1336-1573) y se desarrolló fundamentalmente en los periodos Momoyama (1573-1615) y Edo (1600-1867). (La Plante, 1992, 234).

[2] "La estructura es verdaderamente importante. No sólo soporta el edificio sino que también define el espacio". Entrevista a KazuyoSejima y RyueNishizawa (El Croquis, 2004, 22).

[3] "Para nosotros, pensar en cómo organizar el programa significa realmente estudiar la cuestión de cómo organizar parte de la fenomenología invisible, o de la experiencia". Entrevista a Kazuyo Sejima y Ryue Nishizawa (El Croquis, 2000, 13).

[4] "Entonces estaba interesada en hacer este tipo de espacio, una especie de parque, semejante al concepto de parque japonés (…) en un parque se puede reunir un gran grupo, pero al mismo tiempo una sola persona podría estar cerca en soledad leyendo un libro". Entrevista a Kazuyo Sejima y Ryue Nishizawa (El Croquis, 2004, 23).

[5] Esta influencia en Ishigami no es de extrañar, ya que se formó en el estudio de SANAA.

[6] Esta idea es similar a la que señala Koji Taki en relación a la obra de Kazuo Shinohara y a la que ya nos hemos referido en apartados anteriores. (Taki, 1983, 60).

[7] Esta idea muestra un claro paralelismo, nuevamente, con los planteamientos establecidos por Stan Allen, en los que su entendimiento del edificio como "campo" se basa en la organización de una serie de elementos que establecen relaciones locales que dan lugar a un conjunto complejo, y cuyo sistema asociativo Allen lo relaciona con imágenes como las de rebaños, manadas o multitudes de individuos. (Allen. 1999, 99).

[8] Ryue Nishizawa compara la sensibilidad vinculada al bosque con aquella que tiene que ver con un entorno como el desierto, siendo este un espacio en el que pueden levantarse hitos, frente a la generación de vacíos necesaria en el bosque, lo que ejemplifica refiriéndose a los Santuarios de Ise (El Croquis, 2020, 10-2).

[9] "La arquitectura tradicional japonesa (…) desarrolla una estructura que se extiende por toda la planta; de ahí que sea una arquitectura esencialmente ilimitada". Entrevista a Kazuyo Sejima y Ryue Nishizawa (El Croquis, 2020, 10).

[10] "Le Corbusier, en sus comentarios sobre la Villa Savoye, comparaba la arquitectura barroca y al árabe (…) Decía que en la arquitectura árabe uno ve como la estructura se despliega a medida que se atraviesa… Me parece una reflexión interesante: que no sea el escenario, sino la propia estructura la que se va desplegando a medida que se recorre. Es decir, que los seres humanos comprenden los edificios tanto espacial como temporalmente". Comentario de Ryue Nishizawa recogido en entrevista realizada a Kazuyo Sejima y Ryue Nishizawa (El Croquis, 2020, 12).

[11] (RN) "Louis Kahn dijo que la habitación es el principio de la arquitectura, el lugar de la mente". (KS) "En relación a esta cuestión, quiero señalar que una de las cosas asombrosas que hizo Mies fue el ser capaz de crear una habitación a partir de soportes y vigas en lugar de hacer uso de muros". (RN) "Sí, es verdad, aunque, en mi opinión, fue en realidad Wright -quien influyó a Mies- el que de hecho empezó a explorar la idea de que las cosas fluyan. Su obra evoca una potente imagen de fluidez, en absoluto la de una arquitectura tipo caja. La suya es una arquitectura de la tierra, de la vida humana ocupando un pequeño rincón de una gran porción de tierra". Entrevista a Kazuyo Sejima (KS) y Ryue Nishizawa (RN) (El Croquis, 2020, 12-4).

[12] "Creemos que, en arquitectura, la esencia y la apariencia son la misma cosa". Entrevista a Kazuyo Sejima y Ryue Nishizawa (El Croquis, 2020, 10).

[13] Como señala Luis Martínez Santa-María, esto es sintomático en proyectos como el de la Villa La Roche-Jeanneret, en cuyos planos Le Corbusier dibujó los anillos de crecimiento de los árboles y hasta sus deformaciones. (Martínez Santa-María, 2000, 93-4).

[14] "Me atraía lo curvo (…) la curva liberada y sensual del hormigón armado (…) Mi oposición a la arquitectura racionalista del ángulo recto era consciente (…) Esta protesta consciente surgió del ambiente donde vivía". Óscar Niemeyer (Rodríguez Llera, 2019, 143).

[15] "En el hormigón armado Niemeyer encontró un medio perfecto para liberarse de la tiranía de la razón constructiva y de las necesidades estrictamente prácticas. Lo eligió para crear (…) una arquitectura imaginativa, plena de libertad plástica, enraizada en las tradiciones nativas de Brasil y su paisaje tropical". (Rodríguez Llera, 2019, 143).

[16] Rino Lévi fue un influyente arquitecto brasileño formado en Europa. Desde sus primeros escritos enfatizaba la importancia del entorno natural brasileño como la base para destacar en el campo de la arquitectura y el diseño urbano: "creo que nuestra floreciente vegetación y nuestras incomparables bellezas naturales pueden y deben sugerir algo original a nuestros artistas". Cita de Rino Lévi (Philippou, 2008, 35).

[17] El nombre con el que nos referimos a la obra, Pabellón "Cubierta y setas", es con el que aparece la obra publicada en el número 179-180 de la revista El Croquis (El Croquis, 2015, 326), y aparece con su equivalente en inglés en la revista GA Architect (GA Architect, 2018, 184), de la que hemos sacado también la denominación en japonés que se recoge en el texto.

Bibliografía

Ensayo, poesía, pensamiento y religión

CHOMEI, Kamo. 1998. *Un relato desde mi choza. Hoojooki.* Traducción de Jesús Carlos Álvarez Crespo. Madrid: Hiperión.

CORNU, Philippe. 2004. *Diccionario Akal del budismo.* Traducción de Francisco Javier López Martín. Tres Cantos: Akal.

ELIADE, Mircea. 1981. *Tratado de historia de las religiones: morfología y dialéctica de lo sagrado.* 2ª edición. Madrid: Cristiandad.

ELIADE, Mircea. 1999. *Imágenes y símbolos.* Madrid: Taurus.

HAYA SEGOVIA, Vicente. 2013. *Aware: iniciación al haiku japonés.* Barcelona: Kairós.

HEARN, Lafcadio. 2009. *Japón, un intento de interpretación.* Gijón: Satori.

HERRERO, Teresa. 2004. *De la flor del ciruelo a la flor del cerezo.* Madrid: Hiperión.

KENKO, Yoshida. 2005. *Tsurezuregusa: ocurrencias de un ocioso.* Traducción de Justino Rodríguez. Madrid: Hiperión.

KOREN, Leonard. 1997. *Wabi-sabi para artistas, diseñadores, poetas y filósofos.* Barcelona: Hipótesi-Renart.

LANZACO SALAFRANCA, Federico. 2011. *Introducción a la cultura japonesa: pensamiento y religión.* 2ª rev y amp ed. Valladolid: Universidad de Valladolid, Secretariado de Publicaciones e Intercambio Editorial.

LAO TSE. 2013. *Tao te king. El libro del tao.* Palma: Olañeta.

MIZUKI, Shigeru. 2017. *Enciclopedia Yokai.* Traducción de Daniel Aguilar. Gijón: Satori.

OKAKURA, Kakuzo. 2011. *El libro del té.* Palma: Olañeta.

OKAKURA, Kakuzo. 2018. *Los ideales de Oriente: con especial referencia al arte japonés.* Gijón: Satori.

ONO, Sokyo. 2008. *Sintoísmo. El camino de los Kami.* Gijón: Satori.

RICHIE, Donald. 2021. *Un tratado de estética japonesa*. Barcelona: Alfa Decay.

RUBIO, Carlos, ed. y trad., y Rumi Tani, ed. y trad. 2008. *Kojiki: crónicas de antiguos hechos de Japón*. Madrid: Trotta.

SULLIVAN, Laurence E. 2008. *Naturaleza y rito en el Sintoísmo*. San Sebastián: Nerea.

WATSUJI, Tetsuro. 2006. *Antropología del paisaje: climas, culturas y religiones*. Salamanca: Sígueme.

YANAGI, Soetsu. 2018. *The beauty of everyday things*. Londres: Penguin Books.

Jardín y paisaje

CABAÑAS, Pilar. 2002. "Un puente entre la tradición y el arte contemporáneo. El jardín japonés". *Anales de Historia del Arte* 12: 239-57.

FARIELLO, Francesco, Miguel A. Aníbarro, prólogo. 2000. *La arquitectura de los jardines: de la antigüedad al siglo XX*. Traducción de Jorge Sáinz. Madrid: Mairea.

GRAS BALAGUER, Menene, ed. 2015. *El jardín japonés: qué es y no es entre la espacialidad y la temporalidad del paisaje*. Madrid: Tecnos.

NITSCHKE, Günter. 1993. *El jardín japonés. El ángulo recto y la forma natural*. Colonia: Benedikt Taschen.

TAKEI, Jiro, y Marc P. Keane. 2008. *Sakuteiki, visions of the Japanese garden: a modern translation of Japan's gardening classic*. Tokio: Tuttle.

TSCHUMI, Christian. 2007. *Mirei Shigemori, rebel in the garden. Modern Japanese landscape architecture*. Basilea; Boston: Birkhäuser.

VIVES, Javier. 2014. *Historia y arte del jardín japonés*. Gijón: Satori.

Arte

COOMARASWAMY, Ananda K. 1920-1929. *Artes y oficios de la India y Ceylán*. Traducción de J. Dubon. Madrid: M. Aguilar.

COOMARASWAMY, Ananda K. 1927. "The Origin of the Buddha Image". *The Art Bulletin* 4, vol. 9 (junio): 287-329.

GARCÍA GUTIÉRREZ, Fernando. 1973. "La concepción china y japonesa de la naturaleza en el arte". *Boletín de la Asociación Española de Orientalistas* 11: 71-8.

GARCÍA GUTIÉRREZ, Fernando. 1993. *El arte del Japón. Colección Summa Artis: Historia general del arte, nº 21*. 6ª Edición. Madrid: Espasa-Calpe.

GARCÍA GUTIÉRREZ, Fernando. 1997. "El arte del té en el Japón". En *Laboratorio de Arte* 10: 195-210. Sevilla: Departamento de Historia del Arte, Publicaciones de la Universidad de Sevilla.

LA PLANTE, John D. 1992. *Asian Art*. 3ª edición. Dubuque, Iowa: Wm. C. Brown.

MARCHÁN FIZ, Simón, (texto). *Estructuras repetitivas*. Madrid: Fundación Juan March, 1985.

PAINE, Robert Treat, y Alexander Saper. 1985. *The art and architecture of Japan. Colección The Pelican History of Art*. Middlesex: Penguin Books.

SIERRA, Blas. 2006. *Cipango. La isla de oro que buscaba Colón*. Valladolid: Caja España.

STANLEY-BAKER, Joan. 1984 (reimpresión 1991). *Japanese art*. Londres: Thames and Hudson.

VIVES, Javier. 2010. *El teatro japonés y las artes plásticas*. Gijón: Satori.

WRIGHT, Frank Lloyd. 2018. *La estampa japonesa*. Vitoria-Gasteiz: Sans Soleil.

Arquitectura y diseño

ALLEN, Stan. 1997. "From object to field". *Architectural Design* 5-6, vol. 67 (Mayo-Junio): 24-31.

ALLEN, Stan. 1999. *Points + lines: diagrams and projects for the city*. Nueva York: Princeton Architectural Press.

ÁLVAREZ, Darío. 2007. *El jardín en la arquitectura del siglo XX. Naturaleza artificial en la cultura moderna*. Barcelona: Reverté.

ÁLVAREZ, Darío. 2017. "El surrealismo en los paisajes de Burle Marx". *Cuaderno de Notas* 18: 159-75. https://doi.org/10.20868/cn.2017.3605

BAHAMÓN, Alejandro, Patricia Pérez y Alex Campello. 2006. *Arquitectura Vegetal: Analogías Entre El Mundo Vegetal y La Arquitectura Contemporánea*. Barcelona: Parramón Arquitectura y Diseño.

BANHAM, Reyner. 1978. *Megaestructuras: futuro urbano del pasado reciente*. Traducción de Ramón Font. Barcelona: Gustavo Gili.

BARATUCCI, Brunilde, y Bianca di Russo. 1983. *Arata Isozaki: architetture, 1959-1982*. Roma: Officina.

BLASER, Werner. 1996. *Ludwig Mies van der Rohe. Obras y proyectos*. 4ª edición. Traducción de Nuria Nussbaum y Graham Thomson. Barcelona: Gustavo Gili.

BOESIGER, Willy. 1991. *Le Corbusier. Obras y proyectos*. Barcelona: Gustavo Gili.

BOGNAR, Botond. 2008. *Beyond the Bubble. The new Japanese architecture*. Londres: Phaidon.

BOTEY, Josep María y Carlos Sáenz de Valicourt. 1996. *Oscar Niemeyer. Obras y proyectos*. Traducción de Graham Thomson. Barcelona: Gustavo Gili, 1996.

CABEZA LAÍNEZ, José María. 2007. "Desde Sri Lanka hasta Japón: ideas acerca de la evolución del stupa". En *Colección española de investigación sobre Asia Pacífico* n° 1. Granada: Universidad de Granada.

CABEZA LAÍNEZ, José María. 2019. *La visión y la voz. Arte, ciudad y cultura en Asia Oriental*. Córdoba: Universidad de Córdoba.

CAPITEL, Antón. 2010. *Kenzo Tange y los metabolistas*. Madrid: Asimétricas.

CIRLOT, Lourdes. 1986. "El concepto arquitectónico de Arata Isozaki". *D'Art: Revista del Departament d'Historia de l'Arte* 12: 263-75.

CORTÉS, Juan Antonio. 2008. *Nueva consistencia: estrategias formales y materiales en la arquitectura de la última década del siglo XX*. Valladolid: Universidad de Valladolid, Secretariado de publicaciones e intercambio editorial.

CORTÉS, Juan Antonio. 2013. *Historia de la retícula en el siglo XX: de la estructura Dom-ino a los comienzos de los años setenta*. Valladolid: Universidad de Valladolid.

CURTIS, William. 1987. *Le Corbusier, ideas y formas*. Madrid: Blume.

DE BLAS, Felisa. 2007. *La arquitectura y la escena en el teatro oriental*. Madrid: Instituto Juan de Herrera.

DREW, Philip. 1983. *Arata Isozaki*. Traducción de Teresa Güell. Barcelona: Gustavo Gili.

DREXLER, Arthur, ed. 1986. *The Mies van der Rohe Archive, 3*. Nueva York: Garland Publishing.

ESPUELAS, Fernando. 1999. *El claro en el bosque: reflexiones sobre el vacío en arquitectura*. Barcelona: Fundación Caja de Arquitectos.

FERNÁNDEZ VILLALOBOS, Nieves. 2015. "Japón y Occidente. Encuentros y desencuentros tras la segunda posguerra". *Proyecto, Progreso, Arquitectura* 13: 58-73. https://doi.org/10.12795/ppa.2015.i13.04

FRAMPTON, Kenneth. 2009. *Historia crítica de la arquitectura moderna*. Traducción de Jorge Sainz. 4ª edición revisada y ampliada. Barcelona: Gustavo Gili.

FUJIMORI, Terunobu. 2008. "Chashitsu: Camere da tè. La camera da tè, lo spazio minimo". *Casabella* 763 (febrero): 40 – 60.

FUJIMORI, Terunobu, y Mitsumasa Fujitsuka. 2017. *Japan´s wooden heritage: a journey through a thousand years of architecture*. Tokio: Japan Publishing Foundation for Culture.

FUJIMOTO, Sou. 2018. *Sou Fujimoto. Architecture Works 1995-2015*. Tokio: TOTO publishing.

GALLEGO FERNÁNDEZ, Pedro Luis. 2013. "La casa en 'campo de arroz'. Un ideograma de interacción en el hábitat japonés contemporáneo". *Proyecto, Progreso, Arquitectura* 9: 68– 83. https://doi.org/10.12795/ppa.2013.i9.04

GALLEGO, Pedro Luis, ed., y Pilar Garcés, ed. 2015. *Arquitectura contemporánea de Japón: nuevos territorios*. Valladolid: Ediciones Universidad de Valladolid.

GARCÍA GUTIÉRREZ, Fernando. 1998. "La pagoda budista en los templos japoneses". En *Laboratorio de Arte* 11: 167-81. Sevilla: Departamento de Historia del Arte, Publicaciones de la Universidad de Sevilla.

GARCÍA GUTIÉRREZ, Fernando. 2004. "Los espacios sagrados de Japón. Santuarios shintoístas y templos budistas". En *Laboratorio de Arte* 17: 21-38. Sevilla: Departamento de Historia del Arte, Publicaciones de la Universidad de Sevilla.

GARCÍA ROIG, José Manuel. 2011. "La tateana de Yasujiro. Sobre El fin de la primavera (1949) y El comienzo del verano (1951), de Ozu". *DC PAPERS: Revista de crítica y teoría de la arquitectura* 21-22: 59-66.

GAST, Klaus-Peter, y Louis I. Kahn. 1999. *Louis I. Kahn*. Basilea: Birkhäuser.

GIURGOLA, Romaldo, y Louis I. Kahn. 1996. *Louis I. Kahn. Obras y proyectos*. 5ª edición. Traducción de Carola Kappelmacher y Graham Thomson. Barcelona: Gustavo Gili.

HORIGUCHI, Sutemi, y Yoshio Watanabe (fotografías). 1972. *Ise Jingu*. Tokio: Heibon-sha.

INOUE, Mitsuo. 1985. *Space in Japanese architecture*. Tokio: Weatherhill.

IRURETAGOIENA BUSTURIA, Ula. 2016. "Proyectar la incertidumbre. Permanencia resiliente en la vida de los edificios". Tesis doctoral, Universidad del País Vasco.

ISHIGAMI, Junya. 2011. *Another scale of architecture*. Kioto: Seigensha.

ISHIGAMI, Junya. 2012. *Small images*. Tokio: LIXIL publishing.

ISOZAKI, Arata. 2006. *Japan-ness in architecture*. Cambridge: The MIT Press.

ITO, Nobuo. 1975. *A guide to Japanese architecture*. Tokio: Shinkenchiku-sha.

ITO, Toyo. 1992. "Vortex and current. On architecture as phenomenalism". *Architectural desing* 9-10, vol. 62: 22 – 3.

ITO, Toyo, José M. Torres Nadal, ed., e Iñaki Ábalos, pr. 2000. *Escritos*. Murcia: Colegio Oficial de Aparejadores y Arquitectos Técnicos de Murcia.

ITO, Toyo, y Andrea Maffei. 2001. *Toyo Ito: le opere, i progetti, gli scritti*. Milán: Electa.

ITO, Toyo, y Mutsuro Sasaki. 2001. *Sendai Mediatheque, Miyagi, Japan, 1995-2000*. Tokio: A.D.A. Edita.

ITO, Toyo. 2003. *Sendai mediatheque*. Barcelona: Actar.

ITO, Toyo, y Akira Suzuki. 2005. *Toyo Ito: Conversaciones con estudiantes*. Barcelona: Gustavo Gili.

ITO, Toyo. 2006. *Arquitectura de límites difusos*. Barcelona: Gustavo Gili.

ITO, Toyo, y Jessie Turnbull, ed. 2012. *Toyo Ito: forces of nature*. Nueva York: Princeton Architectural Press.

ITOH, Teiji. 1974. *Traditional domestic architecture of Japan*. Traducción de Richard Gage. Nueva York: Weatherhill.

ITOH, Teiji. 1982. *The elegant Japanese house: traditional Sukiya architecture*. Nueva York: Weatherhill.

JARAÍZ PÉREZ, José. 2012. "El Parque: Espacios, límites y jerarquías en la obra de SANAA". Tesis doctoral, Universidad Politécnica de Madrid, Escuela Técnica Superior de Arquitectura.

KIKUTAKE, Kiyonori, y Maurizio Vitta. 1997. *Kiyonori Kikutake: from tradition to utopia*. Milán: L´Arca.

KLANTEN, Robert. 2011. *Sublime. New design and architecture from Japan*. Berlín: Gestalten.

KOOLHAAS, Rem, y Hans U. Obrist. 2011. *Project Japan: metabolism talks...* Colonia: Taschen.

KUROKAWA, Kisho. 1977. *Metabolism in architecture*. Londres: Studio Vista.

LE RICOLAIS, Robert, Peter McLeary, y Helena Iglesias. 1997. *Robert Le Ricolais: visiones y paradojas*. Madrid: Colegio Oficial de Arquitectos de Madrid.

LIPMAN, Jonathan, y Kenneth Frampton, pr. 1986. *Frank Lloyd Wright and the Johnson Wax buildings*. Londres: Architectural Press.

MARTÍN, Bernardo. 2018. *Zipped: el espacio en pequeñas casas japonesas*. Valencia: TC Cuadernos.

MARTÍNEZ DOMINGO, Yolanda. 2015. "Habitar el cielo. Ensayos residenciales: la torre de viviendas. De la vanguardia a la utopía tecnológica". Tesis doctoral, Universidad de Valladolid, Escuela Técnica Superior de Arquitectura.

MARTÍNEZ SANTA-MARÍA, Luis. 2000. "Tierra espaciada. El árbol, el camino, el estanque: ante la casa". Tesis doctoral, Universidad Politécnica de Madrid, Escuela Técnica Superior de Arquitectura.

MASSIP-BOSCH, Enric. 2016. "Dispositivos de emoción. El rol de la estructura porticada de hormigón en la arquitectura de Kazuo Shinohara". *En blanco: revista de arquitectura* 20: 66-74.

MASSIP-BOSCH, Enric. 2016. "Five forms of emotion: Kazuo Shinohara and the house as a work of art." Tesis doctoral, Universidad Politécnica de Cataluña, Escuela Técnica Superior de Arquitectura.

MEYSTRE, Olivier. 2017. *Pictures of the floating microcosm: new representations of Japanese architecture*. Zurich: Park Books.

MIGAYROU, Frédéric, ed. 2017. *Japan-ness. Architecture et urbanisme au Japon depuis 1945*. Metz: Éditions du Centre Pompidou-Metz.

MONTAGNANA, Francesco, Tadahiko Hayashi, Yoshikatsu Hayashi, y Masao Nakamura. 2009. *Le case del té: gli spazi del vouto e dell inatteso*. Milán: Electa.

MONTANER, Josep María. 2014. *Del diagrama a las experiencias, hacia una arquitectura de la acción*. Barcelona: Gustavo Gili.

MONTEYS, Xavier. 2017. *La calle y la casa. Urbanismo de interiores*. Barcelona: Gustavo Gili.

MORSE, Edward. S. 1961. *Japanese homes and their surroundings*. Nueva York: Dover.

MUNARI, Bruno. 1978. *Disegnare un albero*. Bolonia: Zanichelli.

NAKAGAWA, Takeshi, José Manuel García Roig, prólogo, y Jorge Sáinz, ed. 2016. *La casa japonesa*. Traducción de Nadia Vasileva. Barcelona: Reverté.

NISHIZAWA, Ryue. 2010. *Office of Ryue Nishizawa detail series*. Tokio: Shokokusha.

NITSCHKE, Günter. 1979. "El fenómeno de la renovación cíclica en la arquitectura japonesa". En *Arquitectura adaptable: seminario*, 50-5. Barcelona: Gustavo Gili.

NUIJSINK, Cathelijne. 2012. *How to make a Japanese house*. Rotterdam: NAi Publishers.

OLGIATI, Valerio, ed. 2013. *The images of architects: 44 collections of unique architects*. Lucerna: Quart-Verlag.

ONTIVEROS, Ignacio, ed., y Joan Ramón Pascuets, ed. 2014. *Los arquitectos de la nada*. Barcelona: Ignacio Ontiveros y Joan Ramón Pascuets.

OSHIMA, Ken Tadashi. 2009. *Arata Isozaki*. Londres: Phaidon.

PHILIPPOU, Styliane. 2008. *Oscar Niemeyer: curves of irreverence*. New Haven: Yale University Press.

RODRÍGUEZ LLERA, Ramón. 2012. *Japón en Occidente: arquitecturas y paisajes del imaginario japonés: del exotismo a la modernidad*. Valladolid: Universidad de Valladolid, Secretariado de Publicaciones e intercambio Editorial.

RODRÍGUEZ LLERA, Ramón. 2019. *Barroquismos periféricos: Brasil, Goa, Macao*. Valladolid: Universidad de Valladolid.

RUDOFSKY, Bernard. 1974. *Architecture without architects: a short introduction to non-pedigreed architecture*. Londres: Academy.

SANDERSON, Warren. 1984. "Kazuo Shinohara´s 'Savage Machine' and the place of tradition in the modern Japanese residence". *Journal of the Society of Architectural Historians* 2, vol. 43 (Mayo): 109-18.

SERRA, Catalina. 2009. "Toyo Ito: 'No hay mejor arquitectura que la de un árbol'". *El País*, 18 de marzo, 2009.

STEWART, David. B. 1987. *The making of a modern Japanese architecture: 1868 to the present.* Tokio; Nueva York: Kodansha International.

TAKI, Koji. 1983. "Oppositions: The intrinsic structure of Kazuo Shinohara´s work". Traducción de Neil Warren y Jorge M. Ferreras. *Perspecta*, vol. 20: 43-60.

TANGE, Kenzo, Noboru Kawazoe, y Yoshio Watanabe, fot. 1965. *Ise: prototype of Japanese architecture.* Cambridge: The MIT Press.

VASILEVA NICHEVA, Nadezhda. 2017. "Sistema de objetos del habitar japonés. Acciones y enseres en el espacio doméstico durante el periodo de modernización". Tesis doctoral, Universidad Politécnica de Madrid, Escuela Técnica Superior de Arquitectura.

VILLALOBOS ALONSO, Daniel, ed., Iván Rincón Borrego, ed., y Sara Pérez Barreiro, ed. 2014. *Arquitectura, símbolo y modernidad.* Valladolid: Real Embajada de Noruega en España, Departamento de Teoría de la Arquitectura y Proyectos Arquitectónicos, Escuela Técnica Superior de Arquitectura de Valladolid.

VON DER MÜHL H. R., Kenzo Tange y Udo Kultermann. 1981. *Kenzo Tange. Obras y proyectos.* 3ª edición. Barcelona: Gustavo Gili.

YOSHIDA, Tetsuro. 1955. *The Japanese house and garden.* Londres: The architectural press.

Publicaciones periódicas

2G Toyo Ito 2. 1997. Barcelona: Gustavo Gili.

2G Sou Fujimoto 50. 2009. Barcelona: Gustavo Gili.

2G Kazuo Shinohara 58/59. 2011. Barcelona: Gustavo Gili.

El Croquis OMA / Rem Koolhaas 1987-1993 53. 1994. El Escorial: El Croquis.

El Croquis Toyo Ito 1986-1995 71. 1995, El Escorial: El Croquis.

El Croquis Kazuyo Sejima 1983-1995. Kazuyo Sejima + Ryue Nishizawa 1995-2000 (edición conjunta) 77 (I)+99. 2000. El Escorial: El Croquis.

El Croquis SANAA. Kazuyo Sejima + Ryue Nishizawa 1998-2004 121-122. 2004. El Escorial: El Croquis.

El Croquis Toyo Ito 2001-2005 123. 2005. El Escorial: El Croquis.

El Croquis Toyo Ito 2005-2009 147. 2009. El Escorial: El Croquis.

El Croquis Sou Fujimoto 2003-2010 151. 2010. El Escorial: El Croquis.

El Croquis SANAA. Kazuyo Sejima + Ryue Nishizawa 2008-2011 155. 2011. El Escorial: El Croquis.

El Croquis SANAA. Kazuyo Sejima + Ryue Nishizawa 2011-2015 179-180. 2015. El Escorial: El Croquis.

El Croquis Christian Kerez 2010-2015, Junya Ishigami 2005-2015 182. 2015. El Escorial: El Croquis.

El Croquis SANAA[I]. Kazuyo Sejima + Ryue Nishizawa 2015-2020 205. 2020. El Escorial: El Croquis.

GA Architect. Arata Isozaki 1959-1978 6. 1991. Tokio: A.D.A. Edita Tokyo.

GA Architect. Toyo Ito 1970-2001 17. 2001. Tokio: A.D.A. Edita Tokyo.

GA Architect. Kazuyo Sejima + Ryue Nishizawa 1987-2006 18. 2005. Tokio: A.D.A. Edita Tokyo.

GA Architect. Kazuyo Sejima + Ryue Nishizawa 2006-2011 20. 2011. Tokio: A.D.A. Edita Tokyo.

GA Architect. Toyo Ito 2002-2016 26. 2016. Tokio: A.D.A. Edita Tokyo.

GA Architect. Kazuyo Sejima + Ryue Nishizawa 2011-2018 27. 2018. Tokio: A.D.A. Edita Tokyo.

Pasajes de arquitectura 109. 2009. Madrid: Reverse Arquitectura.

The Japan Architect 6, vol 47 (junio). 1972. Tokio: Shinkenchiku-sha.

Créditos de las ilustraciones

Fig: Autor foto / Obra © (Fuente)

1.1,1.2, 1.3, 1.4, 1.5, 1.6, 1.8, 1.9, 1.10, 1.11, 1.12, 1.15, 1.16: Alberto López del Río © Alberto López del Río (archivo personal).

1.7: Atribuido a Shūbun © Creado a partir de edición de imagen obtenida en ColBase: Integrated Collections Database of the National Institutes for Cultural Heritage, Japan. Tokyo National Museum (https://colbase.nich.go.jp/).

1.13: Kanō Eitoku © ColBase: Integrated Collections Database of the National Institutes for Cultural Heritage, Japan. Tokyo National Museum (https://colbase.nich.go.jp/)

1.14: Hasegawa Tōhaku © ColBase: Integrated Collections Database of the National Institutes for Cultural Heritage, Japan. Tokyo National Museum (https://colbase.nich.go.jp/)

2.1, 2.3, 2.4, 2.5, 2.6, 2.7, 2.8, 2.9, 2.10, 2.11, 2.12, 2.13, 2.15, 2.16, 2.17: Alberto López del Río © Alberto López del Río (archivo personal).

2.2: Arata Isozaki © Canadian Centre for Architecture.

2.14: Alberto López del Río © Alberto López del Río (dibujo del autor).

2.18, 2.19: Nuria Mª López del Río y David Martín Hernández © Cortesía de Nuria Mª López y David Martín (archivo personal).

2.20: Sou Fujimoto Architects + Nicolas Laisné Architectes + OXO Architectes © Cortesía de Sou Fujimoto Architects.

2.21: Jesús J. Ruiz Alonso © Cortesía de Jesús J. Ruiz (archivo personal).

3.1, 3.2, 3.3, 3.4, 3.5, 3.6, 3.8, 3.9, 3.10, 3.11: Alberto López del Río © Alberto López del Río (dibujos del autor).

3.7: Sou Fujimoto Architects © Victoria & Albert Museum, London.

3.12, 3.13: Katsutoshi Sasaki © Cortesía de Katsutoshi Sasaki (archivo personal).

3.14: Sou Fujimoto Architects © Cortesía de Sou Fujimoto Architects

3.15, 3.18: Alberto López del Río © Alberto López del Río (archivo personal).

3.16, 3.17: Jesús J. Ruiz Alonso © Cortesía de Jesús J. Ruiz (archivo personal).

3.19: Kenta Mabuchi © Kenta Mabuchi (archivo personal).

4.1, 4.2, 4.3, 4.4, 4.10, 4.13, 4.17: Alberto López del Río © Alberto López del Río (dibujos del autor).
4.5, 4.6, 4.7, 4.8, 4.9, 4.11, 4.12, 4.14, 4.15, 4.16, 4.18, 4.19, 4.20: Alberto López del Río © Alberto López del Río (archivo personal).

5.1, 5.2, 5.3, 5.4, 5.6, 5.7, 5.8, 5.9, 5.10, 5.11, 5.13, 5.14, 5.15, 5.23: Alberto López del Río © Alberto López del Río (archivo personal).
5.5, 5.12, 5.18, 5.19, 5.20, 5.24: Alberto López del Río © Alberto López del Río (dibujos del autor).
5.16, 5.22: Hisao Suzuki © Hisao Suzuki.
5.17: Ken Lee © Cortesía de Ken Lee (archivo personal).
5.21: Carlos Rodríguez Fernández y Sagrario Fernández Raga © Cortesía de Carlos Rodríguez y Sagrario Fernández (archivo personal).

6.1: Víctor Manuel Muñoz Pérez © Cortesía de Víctor Muñoz (archivo personal).

Agradecimientos

El presente libro recoge, de manera parcial, algunos de los apartados de mi tesis doctoral, y se ha publicado en base al reconocimiento recibido por parte del Instituto Universitario de Arquitectura y Ciencias de la Construcción de la Universidad de Sevilla, en esta colección de textos que dirigen Antonio Tejedor y Marta Molina. A todos ellos, así como a los miembros del jurado del concurso de tesis, mi más sincero agradecimiento.

Echando la vista atrás son muchas las personas a las que, de una u otra forma, debo estar agradecido por haber podido llevar a buen término la investigación que da lugar a este libro. Si por omisión o torpeza no le otorgo a alguien su justo reconocimiento, espero sepa perdonar mi descuido.

Creo que es justo comenzar dándole las gracias a mi director de tesis, el profesor Darío Álvarez, por haber confiado en el tema que le propuse y en que podríamos sacarlo adelante. Digo podríamos, porque, en muchos sentidos, creo que su claridad de ideas ha sido la que me ha sacado de algún atolladero en el que yo sólo me he metido y retornar al camino correcto mis, en ocasiones, titubeantes pasos. Así ha sido en el desarrollo de la tesis y de nuevo en al confeccionar la presente publicación.

No puedo sino mostrar mi sincero agradecimiento a mis compañeros de la sección de Composición Arquitectónica de la Escuela Técnica Superior de Arquitectura de Valladolid, por su interés, su apoyo, su amabilidad, sus consejos y por esas palabras de ánimo que tan necesarias se hacen cuando llevas a cabo un trabajo de investigación de este tipo. En el ámbito de la Escuela de Arquitectura, me gustaría expresar también mi agradecimiento hacia el personal de la Biblioteca, por su ayuda y entrega, lo que, estoy seguro, ha facilitado esta investigación en gran medida.

Quisiera agradecer también a aquellas personas con las que he coincidido en diferentes congresos y que han mostrado su interés por mi investigación o le han dedicado una palabra amable, o un siempre acertado consejo: Luigi Franciosini; Joan Ramón Pascuets; Carmen Tirado, Javier Vives y Pilar Cabañas, compañeros de la Asociación de Estudios Japoneses en España; y Marian Moya de la Universidad de San Martín (Argentina). Y a todos aquellos con los que, en estos ámbitos, he podido compartir nuestro mutuo interés por la cultura japonesa.

Debo un agradecimiento especial al profesor José María Cabeza, por sus amables y acertadas apreciaciones, y porque gracias a su intermediación pude llevar a cabo una estancia de investigación que me permitió conocer con mayor profundidad y de primera mano muchos de los casos de estudio recogidos.

A mis compañeros del estudio, y en especial a Javier y a Susana, por su comprensión y por las facilidades que me han dado cuando he necesitado tiempo para poder dedicarlo a las cuestiones académicas.

Quiero expresar también mi agradecimiento a aquellas personas que me han facilitado sus imágenes de manera desinteresada: Katsutoshi Sasaki, Ken Lee, Roberto Sanz Asensio de Sou Fujimoto Architects, y en especial, Carlos y Sagra, por su ayuda y comentarios. A aquellos amigos que me han prestado sus libros o cedido sus fotos o, lo que es más importante, su tiempo, y con los que, en algunos casos, he compartido mis visitas a Japón: Marcos y Raquel, Cristina y Víctor, Juan Carlos, Rubén, Jesús.

A Lucía, por acompañarme a todos los lugares a los que me ha llevado esta tesis.

A mi familia, en especial a mi hermana, por su ánimo y apoyo, y a mi abuela, que nos ha transmitido su gusto por las flores, hasta por mis flores dibujadas. A mis padres. Por mucho que me extendiera, cualquier agradecimiento que pudiera dejarles aquí escrito se quedaría corto.

Fig. 6.1 - El autor dibujando en Kioto. Víctor Manuel Muñoz Pérez, 2015.

Series de la colección Arquitectura Textos de Doctorado

- Diseño arquitectónico, ciudad, territorio y paisaje
- Tecnologías arquitectónicas
- Ensayos y reflexiones teóricas en arquitectura
- Textos sobre Andalucía

Títulos publicados

1. SENDRA SALAS, J.J./NAVARRO CASAS, J. *La evolución de las condiciones acústicas en las iglesias: del Paleocristiano al Tardobarroco.* 1997.

2. ESCRIG PALLARÉS, F. *Las grandes estructuras de los edificios históricos: desde la antigüedad hasta el gótico.* 1997.

3. SENDRA SALAS, J.J./ZAMARREÑO GARCÍA, T./NAVARRO CASAS, J./ALGABA ROLDÁN, J. *El problema e las condiciones acústicas en las iglesias: principios y propuestas para la rehabilitación.* 1997.

4. POZO BARAJAS, A. *Análisis urbano. Textos: Gianfranco Caniggia, Carlo Aymonino, Massimo Scolari.* 1997.

5. SIERRA DELGADO, J.R. *Manual de dibujo de la Arquitectura, etc.* 1997.

6. OLIVARES SANTIAGO, M./LAFFARGA OSTERET, J. *Introducción al control de calidad en restauración. Limpieza y restauración de fachadas.* 1998.

7. GENTIL BALDRICH, J.M. *Traza y modelo en el Renacimiento.* 1998.

8. CALAMA RODRÍGUEZ, J.M./GRACIANI GARCÍA, A. *La Restauración Decimonónica en España.* 1998.

9. RODRÍGUEZ SAUMELL, J. *Tipologías de muros, fachadas y valores de significación en la arquitectura.* 1998.

10. SENDRA SALAS, J.J./ZAMARREÑO GARCÍA, T./NAVARRO CASAS, J. *La acústica de las iglesias gótico-mudejares de Sevilla.* 1999.

11. FLORES ALES, V. *Estudio, caracterización y restauración de materiales cerámicos.* 1999.

12. RAMÍREZ DE ARELLANO AGUDO, A. *Aspectos económicos de la recuperación de edificios.* 2000.

13. GÓMEZ DE TERREROS GUARDIOLA, M.G./ALCALDE MORENO M. *Metodología de estudio de la alteración y conservación de la piedra monumental.* 2000.

14. BRAVO-REMIS, R. *Una inducción a la arquitectura. Alejandro de la Sota y la arquitectónica realidad de algunos materiales y sistemas industriales (1956-1984).* 2000.

15. CALAMA RODRÍGUEZ, J.M./GRACIANI GARCÍA, A. *La restauración monumental en España de 1900 a 1936.* 2000.

16. RODRÍGUEZ LIÑAN, C./RUBIO DE HITA. P. *Evaluación del estado de la madera, en obras de rehabilitación, mediante técnicas de ultrasonidos.* 2001.

17. JIMÉNEZ RAMÓN, J.M. *Cuatro ensayos en torno a la arquitectura racionalista en Sevilla.* 2001.

■ 18. Gamiz Gordo, A. *La Alhambra nazarí. Apuntes sobre su paisaje y arquitectura*. 2001.

■ 19. Trillo de Leyva, J.L. *Argumentos sobre la contigüidad en la Arquitectura*. 2001.

■ 20. Raya Román, J.M. *Manual de soleamiento integral*. 2001.

■ 21. Ampliato Briones, A.L. *El Proyecto Renacentista en el Tratado de Arquitectura de Hernán Ruiz*. 2002.

■ 22. Granero Martín, F. *Agua y ciudad. Análisis de estrategias y proceso de planificación*. 2002.

■ 23. Escrig Pallarés, F. *Las grandes estructuras del Renacimiento y el Barroco*. 2002.

■ 24. Tabales Rodríguez, M.A. *Sistemas de análisis arqueológico de edificios históricos*. 2002.

■ 25. Alejandre Sánchez, F.J. *Historia, caracterización y restauración de morteros*. 2002.

■ 26. Granero Martín, F. *Agua y territorio. Arquitectura y paisaje*. 2003.

■ 27. Barrionuevo Ferrer, A. *Sevilla. Formas de crecimiento y construcción de la ciudad*. 2003.

■ 28. Pozo y Barajas, A. *Sevilla. Elementos de análisis urbano*. 2003.

■ 29. Gámiz Gordo, A. *Ideas sobre análisis, dibujo y arquitectura*. 2003.

■ 30. Jiménez Martín, A./Pinto Puerto, F. *Levantamiento y análisis de edificios. Tradición y futuro*. 2003.

■ 31. Montero Fernández, F.J. *El Panteón: Imagen, Tiempo y Espacio. Proyecto y Patrimonio*. 2003.

■ 32. Fernández-Valderrama, L. *La construcción de la mirada: tres distancias*. 2004.

■ 33. Gómez de Terreros Guardiola, M.G. *Intervenciones en dólmenes, 1953-1964. Proyectos y obras de Félix Hernández Giménez*. 2005.

■ 34. Rivera Gómez, C. A./Barrios Sevilla, J./García Rodríguez, R. *Las decoraciones pictóricas murales en el Monasterio de Santa María de las Cuevas de Sevilla. Análisis histórico y caracterización material*. 2007.

■ 35. Pozo y Barajas, A. *La condición postmoderna. Ideas de ciudad*. 2009.

■ 36. Gómez de Cozar, J.C. *Cul de lampe: adaptación y disolución del gótico en el reino de Sevilla*. 2009.

■ 37. Parra Bañón, J.J. *Arquitecturas terminales. Teoría y práctica de la destrucción*. 2010.

38. Alba Dorado, M.I. *Intersecciones en la creación arquitectónica. Reflexiones acerca del proyecto de arquitectura y su docencia.* 2010.

39. López Fernández, A. *La mirada atenta.* 2011.

40. Martínez García-Posada, A. *Tiempos de Central Park.* 2011.

41. García-Pulido, L. *La dimensión territorial del entorno de La Alhambra.* 2011.

42. Gentil Baldrich, J.M. *Sobre la supuesta perspectiva antigua (y algunas consecuencias modernas).* 2011.

43. Muñoz Heras, O. *Luces y sombras. Museos contemporáneos españoles.* 2012.

44. Terrados Cepeda, F.J. *Prefabricación ligera de viviendas. Nuevas premisas.* 2012.

45. Pico Valimaña, R. *Robert Smithson. Aerial Art.* 2013.

46. Gómez de Cózar, J.C./Vadillo Rojas, J.G. *Rampante Curvo: Evolución del Tardogótico en el Reino de Sevilla y Nueva España.* 2014.

47. Osuna Pérez, F. *Córdoba y el Guadalquivir. Construcción de un ideario de futuro.* 2014.

48. López Santana, P. *Muerte en el bosque. Fenomenología espacial comparada de tres imágenes kinetoarquitectónicas.* 2014.

49. Gil Delgado, O. *La arquitectura de Santa María la Blanca. Mezquita, Sinagoga e iglesia en Sevilla.* 2015.

50. Linares Gómez del Pulgar, M./Tejedor Cabrera, A. *Los palacios de los Duques de Montpensier. Arquitectura y metamorfosis urbana en Villamanrique, Sanlúcar de Barrameda y Castilleja de la Cuesta.* 2016.

51. Cova-Morillo Velarde, M. A. *Maquetas de Le Corbusier. Técnicas, objetos y sujetos.* 2016.

52. Espinosa Martín, J.A. *Arquitectura y enfermedad en la obra de Thomas Bernhard.* 2017.

53. García García, T. *Cartografías del espacio oculto. Welbeck Estate en Inglaterra y otros espacios.* 2018.

54. Bascones de la Cruz, G. *Franceso Venezia, John Hejduk y el Arte de la Memoria.* 2018.

55. Rodríguez Fernández, C. *Topografías arquitectónicas en el paisaje contemporáneo.* 2019.

56. Suárez Riestra, F.L. *La forma plástica de la estructura. Expresividad del hecho resistente.* 2019.

57. Fernández Raga, S. *Paisajes patrimoniales en coexistencia.* 2020.

58. CALLÍS FREIXAS, E. *Arquitectura de los pantanos en España*. 2021.

59. PRIOR Y LLOMBART, J. *Un cliente y un arquitecto: Jan Antonín Bat'a y Le Corbusier*. 2022.

60. LÓPEZ SÁNCHEZ, M. *Convergencias entre paisaje y patrimonio*. 2023.

61. GARCÍA SÁNCHEZ, J.F. *El suelo hollado*. 2024.

62. LÓPEZ DEL RÍO, A. *Naturalezas construidas en la arquitectura japonesa contemporánea*. 2025.